GROSSE FRAGEN
Band 1

Chris Morphew
Wer bin ich — und warum bin ich wertvoll?

Stimmen zum Buch

»Chris Morphew ist wie Tim Keller für Teens. In seiner Reihe *Große Fragen* wagt er sich an einige der schwierigsten aktuellen Fragen heran – mit der Bibel, mit Weisheit und Klarheit und genau der richtigen Menge Humor, damit junge Leser weiterblättern. Ich kann es nicht abwarten, meinen drei Kindern diese Bücher in die Hand zu drücken.«

—Champ Thornton, Pastor; Autor von *The Radical Book for Kids* und *Why Do We Say Good Night?*

»Erwachsen zu werden kann äußerst irritierend sein. Wir versuchen herauszufinden, wer wir sind und was unser Platz in der Welt ist. In *Wer bin ich und warum bin ich wertvoll?* beantwortet Chris Morphew diese Fragen auf eine erfrischende, altersgemäße Art, die mit Sicherheit das Herz der jungen Leser erreichen wird. Mit seinen kurzen, peppigen Kapiteln ist dieses Buch leicht zu lesen und außerdem vom Evangelium durchdrungen. Ich werde es jedem meiner eigenen Kinder geben und empfehle es Ihren Kindern wärmstens!«

—Adam Ramsey, Hauptpastor der Liberti Church, Gold Coast, Australien; Netzwerkleiter für *Acts 29 Asia Pacific;* Autor von *Truth on Fire: Gazing at God until Your Heart Sings;* Vater von Alaiya, Benaiah, Ezra, Tayo und Elyana

»Unsere größten Fragen bereiten unser Herz darauf vor, Gottes größte Antworten zu hören. Nehmen Sie Chris Morphews *Große-Fragen*-Bücher zur Hand und finden Sie darin evangeliumszentrierte Antworten auf die ehrlichen Fragen Ihrer Kinder über Gott und seinen Plan, Jesus zu uns zu senden.«

—Barbara Reaoch, ehemalige Leiterin der Kinderabteilung der *Bible Study Fellowship;* Autorin von *A Jesus Christmas* und *A Jesus Easter*

»Den Glauben an die nächste Generation weiterzugeben kann wie eine überwältigende Aufgabe erscheinen. Bedenkt man dann noch die Tatsache, dass Christen die nächste Generation außerdem darin ausbilden müssen, Skeptiker für unseren Glauben zu gewinnen, kann diese Aufgabe geradezu unmöglich erscheinen. Aus diesem Grund bin ich dankbar für Chris' Buch *Wer bin ich und warum bin ich wertvoll?*. Er nimmt sich eine der biblischen Kernwahrheiten vor und erklärt sie auf eine Art, die Kinder in der Sekundarstufe I (und ihre Eltern) verstehen können. Ich kann es nicht abwarten, meinen Kindern dieses Buch zu geben und sie außerdem dazu zu ermutigen, es ihren nicht gläubigen Freunden weiterzugeben.«

—John Perritt, Leiter der Finanzabteilung von *Reformed Youth Ministries;* Autor von *Insecure: Fighting Our Lesser Fears with a Greater One;* Moderator des *Local Youth Worker Podcasts;* fünffacher Vater

»In *Wer bin ich und warum bin ich wertvoll?* beantwortet Chris Morphew zwei der wichtigsten Fragen, die Teenager heute stellen. Er schreibt in einem Stil, der bereits für Kinder ab zehn bis zwölf Jahren zugänglich ist. Gleichzeitig hat der Inhalt eine theologische Tiefe, die ihn für Schüler aller Altersgruppen relevant macht. Die Kapitel sind kurz und übersichtlich und leicht zu lesen. Ich bin dankbar für dieses Buch!«

—Drew Hill, Autor von *Alongside: Loving Teenagers with the Gospel*

»Chris arbeitet tagtäglich mit jungen Menschen. Das merkt man – sein Schreibstil ist gut lesbar, bibeltreu und voll von spannenden Geschichten. Unseren jungen Leuten wird gesagt, dass sie alles sein können, was sie wollen. Dieses Buch sagt ihnen, wozu sie geschaffen wurden. Das ist die bessere Antwort!«

—Ed Drew, Leiter von *Faith in Kids*

Chris Morphew

Wer bin ich

und warum bin ich *wertvoll*?

Tenet

Chris Morphew
Wer bin ich – und warum bin ich wertvoll?

1. Auflage 2023 (Nachdruck 2026)

ISBN 978-3-9817729-9-9 (Tenet)

E-Mail: info@tenet.eu | www.tenet.eu

Herausgegeben in Co-Produktion mit der
Christlichen Verlagsgesellschaft Dillenburg
ISBN 978-3-86353-868-2 (CV)

Originaltitel: *Who Am I and Why Do I Matter?*
2021 erschienen bei: The Good Book Company

Übersetzung: Svenja Lueg
Gesamtgestaltung: Velimir Milenković, Tenet
Gesetzt aus: FF Tisa und GT Haptik
Druck: ARKA, Cieszyn (Polen)
Printed in the EU 2026

Inhalt

Für Liam und Alec, mögt ihr nie vergessen,
wer ihr in Jesu Augen seid.

1

Auf der Suche nach deinem wahren Ich

Vor einiger Zeit kam eine Schülerin meiner Schule mit einem Problem zu mir.

Dieses Mädchen war Anfang des Jahres von einer anderen Schule hierhergewechselt. Soweit ich das beurteilen konnte, hatte sie sich jedoch wirklich schnell eingelebt.

Sie hatte einen Haufen Hobbys, die ihr wirklich Spaß machten, und nutzte die Sport-, Musik- und Theaterangebote an unserer Schule bereits ausgiebig.

Sie hatte fantastische Freunde gefunden, mit denen sie viel Zeit verbrachte. Sie hatte tolle Eltern, die sie liebten und unterstützten.

Sie war lustig, begeisterungsfähig und offen. Äußerlich betrachtet schien alles bei ihr wunderbar zu laufen.

Innen drin sah es allerdings ganz anders aus.

Als ich sie fragte, was los sei, brauchte sie eine Minute, bis sie die richtigen Worte fand.

»Ich weiß nicht«, sagte sie, »ich ... manchmal habe ich einfach irgendwie das Gefühl, gar nicht zu wissen, wer ich bin. Wenn ich mit diesen Freunden unterwegs bin, verhalte ich mich so – aber wenn ich dann mit anderen Freunden zusammen bin, bin ich fast ein anderer Mensch. Woher soll ich da wissen, welche Version von mir die echte ist?«

»Nun«, sagte ich langsam, »bei welchen Freunden fühlst du dich denn am wohlsten? So als müsstest du dich nicht auf eine bestimmte Weise geben. Bei wem kannst du einfach locker du selbst sein?«

Sie zählte die Namen einer Handvoll Freunde auf und sagte schließlich: »Ich weiß schon, dass ich bei ihnen ich selbst sein kann, aber ...«

Sie verstummte und starrte aus dem Fenster.

Nach einer langen Pause sagte sie: »Aber was, wenn das trotzdem alles nur gespielt ist? Wie kann ich überhaupt wissen, wer ich in Wirklichkeit bin?«

Früher oder später, so glaube ich, stolpern wir alle über solche Fragen – denn herauszufinden, wer wir wirklich sind, ist leider wesentlich komplizierter, als es klingt.

Hast du auch Leute in deinem Umfeld, die so locker-selbstbewusst, beliebt und unbekümmert wirken – Leute, die alles im Griff zu haben scheinen –, und fragst dich, wie sie das anstellen? Woher wissen sie eigentlich in jeder Situation, was sie sagen und wie sie sich verhalten sollen?

Oder vielleicht *gehörst* du selbst sogar zu den Leuten, die alles im Griff zu haben scheinen, und kennst deshalb die Wahrheit: dass es nämlich gar nicht so einfach ist, wie es aussieht. Nach außen hin siehst du vielleicht selbstbewusst aus. Aber innerlich fühlst du dich einfach nur verunsichert und ausgelaugt. Denn wie sich herausstellt, ist es sehr anstrengend, immer locker zu wirken. Und du wirst das Gefühl nicht los, dass die Leute gar nicht mehr so neidisch wären, wenn sie die Wahrheit über dein Leben erfahren würden.

Oder fühlst du dich manchmal erdrückt von den Erwartungen, die andere an dein Leben stellen? Hast du das Gefühl, dass du nie zur Ruhe kommst – so als müsstest du ständig daran arbeiten, den Maßstäben gerecht zu werden, die andere an dich anlegen? Kämpfst du mit dem quälenden Gefühl, dass, selbst *wenn* du immer so weiter machst, es doch *nie* genug sein wird? Ganz gleich wie sehr du dich bemühst, vielleicht wirst du den Ansprüchen nie genügen?

Oder trifft eher das Gegenteil auf dich zu? Hast du das Gefühl, niemand erwartet, dass du jemals *irgendwelchen* Ansprüchen genügen wirst – als würden alle nur denken, dass du ein bisschen nervig und nutzlos bist? Fragst du dich manchmal, ob es überhaupt einen Unterschied macht, ob du da bist oder nicht?

Oder vielleicht stressen dich die Erwartungen *anderer* Menschen gar nicht. Vielleicht sind es eher deine *eigenen* unerreichbaren Ansprüche. Du hast diese Idealvorstellung von dir im Kopf – eine Vorstellung von dir, die viel schlauer, selbstbewusster, erfolgreicher oder attraktiver oder all das zusammen ist. Doch ganz gleich wie sehr du dich bemühst, diese Person zu werden, du scheinst es nie ganz zu schaffen.

Vielleicht wünschtest du auch, du könntest irgendeinen Weg finden, dir keine Gedanken mehr darüber zu machen, was alle anderen denken, und einfach nur du selbst sein.

Oder vielleicht ist es sogar noch viel schlimmer. Vielleicht fürchtest du, *du selbst zu sein* könnte genau das Problem sein – denn wenn die Leute nur für einen Augenblick sehen würden, wer du *wirklich* bist, würden alle davonlaufen.

Schau, ich weiß, das sieht jetzt nach einem ziemlich deprimierenden Einstieg in ein Buch aus – aber die Wahrheit ist doch, dass diese Dinge hart *sind*, oder?

Wir werden als hilflose kleine Babys in diese Welt gesetzt. Und vom ersten Tag an ist die Welt *voll* von Stimmen, die uns sagen, wer wir sind und wer wir sein sollten.

Zunächst sind da unsere Eltern und Großeltern und andere Familienmitglieder. Wenn wir dann älter werden, kommen unsere Lehrer, unsere Freunde, unsere Definitiv-*nicht*-Freunde, unsere Trainer, unsere Verwandtschaft und so weiter und so fort hinzu. Und dabei haben wir noch nicht mal die endlose Flut von Stimmen aus unseren sozialen Medien erwähnt.

Es ist wirklich hilfreich, manchen dieser Stimmen Aufmerksamkeit zu schenken. Bei anderen gilt das eher nicht. Aber ob wir es merken oder nicht: Sie alle beeinflussen irgendwie, wie wir uns selbst sehen.

Wie findet man also inmitten von all dem Lärm heraus, wer man wirklich ist? Wie sortiert man all die Stimmen und Meinungen und findet heraus, wer man in Wahrheit ist?

Was soll man sich selbst sagen, wenn sich das Gefühl breitmacht, dass man keinen Wert hat oder den Ansprüchen eh nie genügt oder dass die negativen Stimmen, die uns ins Leben hineinreden, vielleicht *doch* recht haben? Was soll man machen, wenn man sich die Welt um sich herum anschaut und fragt, wo man hingehört oder ob man überhaupt irgendwohin gehört?

Nun, die gute Nachricht lautet: Du *bist* etwas wert. Du *gehörst* irgendwohin. Und die Tatsache, wer du wirklich, in Wahrheit bist – die Person, die Gott in dir sieht –, ist besser, als du dir jemals vorstellen kannst.

2

Woher weiß ich, dass ich wertvoll bin?

Der Titel dieses Buches ist eine Frage – genau genommen besteht er aus zwei Fragen.

Fangen wir mit der zweiten an: »Warum bin ich wertvoll?«

Ich frage mich, wie sehr dich diese Frage trifft.

Vielleicht hast du ein starkes, tiefes Empfinden, *dass* du wertvoll bist. Möglicherweise kannst du nicht genau erklären, *warum*. Aber du bist dir sicher, dass es wahr ist. Du bist wertvoll. Du bist wichtig. Du hast Bedeutung. Ich meine, das ist schließlich *offensichtlich*, oder?

Vielleicht ist das aber auch nicht so. Vielleicht bist du gar nicht überzeugt, dass du überhaupt einen Wert hast. Vielleicht gibt es Menschen in deinem Leben, die dir das Gefühl vermitteln, du seist eine reine Platzverschwendung. Vielleicht kommt diese Botschaft aber auch von innen drin – sie ist etwas, das du dir anscheinend immer wieder selbst einreden musst.

Ganz gleich, ob wir nun *glauben*, dass wir wertvoll sind, oder nicht – wir alle wollen, dass es so ist, oder?

Du willst vielleicht nicht weltberühmt werden oder Geschichte schreiben oder so. Aber wir alle sehnen uns danach, von Bedeutung zu sein. Danach, dass es einen Unterschied macht, dass wir hier sind. Wir wollen glauben, dass wir wertvoll sind. Und wir wollen, dass andere Menschen auch glauben, dass wir Bedeutung haben.

Und wir können nach diesem Sinn an allen möglichen Orten suchen.

Eine beliebte Variante nach Bedeutung zu suchen, besteht zum Beispiel in dem, was man besitzt.

»Natürlich bin ich etwas wert! Siehst du nicht, wie reich und erfolgreich ich bin?«

Du kannst dein ganzes Leben darauf ausrichten, Geld zu verdienen. Und dann kannst du das Geld benutzen, um dir ein großes Haus, ein neues Auto, ein neues Handy, teure Klamotten, ein zweites neues Auto, Fernreisen, fantastisches Essen, das nächste neue Handy zu kaufen.

Man sagt zwar: »Glück kann man nicht kaufen.« Aber mit Geld kann man durchaus immer mehr coolen Kram und tolle Erfahrungen kaufen. Was, wenn das also im Grunde doch dasselbe ist?

Außerdem ist Geld *beeindruckend,* oder? Wenn du das neueste Handy, die aktuellsten Klamotten, das größte Haus und den besten Kram hast – wenn du die besten Partys geben und alle deine Freunde an die tollsten Orte mitnehmen kannst –, dann werden die Leute *immer* in deiner Nähe sein wollen. Sie werden *wie du* sein wollen.

Und wenn alle anderen wünschten, sie hätten dein Leben, wirst du dich definitiv als etwas Besonderes fühlen.

Selbst wenn die meisten von uns es nie zu Berühmtheit oder Milliarden bringen werden, so ist es doch so leicht, das Gefühl zu bekommen, wenn wir nur ein *bisschen* mehr Geld hätten, könnten wir das kaufen, was wir brauchen, um glücklich zu sein und die Menschen um uns herum zu beeindrucken.

Natürlich: Wenn du im Moment in Armut lebst – wenn du nicht ausreichend gesunde Nahrung zu essen oder saubere Kleidung anzuziehen oder ein sicheres Zuhause hast –, dann wird mehr Geld dir natürlich definitiv weiterhelfen.

Ich glaube allerdings für den Rest von uns gilt: Was wir eigentlich brauchen, ist ein Perspektivwechsel.

Einer der reichsten Menschen, die je gelebt haben, war ein Mann namens John D. Rockefeller. Dieser Typ hatte weit mehr Geld, als man jemals brauchen kann. Wenn es *irgendwen* gab, der sich ein glückliches, sinnerfülltes Leben hätte kaufen können, so war er es. Angeblich fragte ihn einmal ein Journalist: »Wie viel Geld ist genug?« Weißt du, was er antwortete?

»Nur ein kleines bisschen mehr.«

Er war einer der reichsten Menschen, die jemals lebten. Und *trotzdem* dachte er, er hätte nicht genug. Es stellt sich heraus: Egal, wie viel du hast – wenn du dir von Geld das Gefühl erhoffst, wertvoll zu sein, wirst du *immer* nur ein kleines bisschen mehr haben wollen.

Denn klar, dieses neue Handy ist heute ziemlich beeindruckend. Aber es wird nicht lange dauern, bis dein neues Handy dein altes Handy sein wird. Und dann wirst du ein *neues* neues Handy brauchen. Diese Klamotten mögen heute alle Blicke auf sich ziehen. Aber gib dem Ganzen ein paar Wochen. Deine neuen Klamotten werden zu deinen alten Klamotten werden. Und dann wirst du *neue* neue Klamotten haben wollen.

Ich glaube, das ist einer der Gründe dafür, dass Jesus Geld als einen Herrn beschreibt, der uns zu Sklaven machen kann, wenn wir nicht aufpassen (Matthäus 6,24). Wenn du darauf zählst, dass Geld dir das Gefühl vermittelt, wertvoll zu sein, wird dieses Gefühl immer nur ein kleines bisschen außer Reichweite bleiben.

Du wirst *immer* nur ein kleines bisschen mehr wollen.

Eine weitere beliebte Variante besteht darin, in deinem *Aussehen* nach Bedeutung zu suchen:

»Natürlich bin ich etwas wert! Siehst du nicht, wie attraktiv und beliebt ich bin?«

Du kannst dein ganzes Leben darauf ausrichten, schön oder dünn oder athletisch oder modisch zu sein – und dann darauf zählen, dass das dir Aufmerksamkeit, Likes und ein positives Gefühl gibt, wenn du in den Spiegel schaust.

Falls du jetzt denkst: »Wow, das ist wirklich oberflächlich, darum würde ich mir niemals so einen Kopf machen« – mal nicht so voreilig.

Denn klar, vielleicht ist es nicht dein Lebensziel, Influencer in den sozialen Medien zu werden. Aber wir wollen uns trotzdem alle wohl und selbstbewusst in unserer Haut fühlen, oder? Und wenn wir das nicht schaffen, dann kann uns das ganz schön fertig machen.

Unser Körpergefühl ist nicht gleichgültig.

Doch *genau* aus dem Grund ist es so schädlich und gefährlich, deinen Wert in deinem Aussehen zu suchen.

Zunächst einmal: Woran machst du fest, wie gut du deiner Meinung nach aussiehst? Indem du dich mit anderen Leuten vergleichst, oder?

Nimmst du dann noch die sozialen Medien dazu, hast du nicht nur die Leute in deinem *echten* Leben, mit denen du dich vergleichen kannst. Du hast das ganze Internet – zig Millionen Menschen, an denen du dich messen könntest. Und wenn du diese perfekt posierenden, bearbeiteten, gefilterten Bilder mit dem vergleichst, was du morgens als Allererstes im Spiegel siehst – ist es da wirklich so überraschend, wenn du dich am Ende hässlich und unsicher fühlst?

Und selbst wenn du all das irgendwie ändern könntest – selbst, wenn du irgendwie die unmögliche, perfekte Version deiner selbst werden könntest, die du dir im Kopf ausmalst –, würde das doch den Druck nicht wegnehmen. Das Einzige, das sich ändern würde, wäre nur, dass du dich nun nicht länger unter Druck fühlen würdest, schön zu *werden*, sondern schön zu *bleiben*.

Das ist jedoch ein Kampf, den du am Ende nicht gewinnen kannst. Denn irgendwann wirst du einfach alt und schrumpelig werden und ohnehin all das verlieren.

Wenn du darauf setzt, dass dein Aussehen dir Wert gibt, wird es dich früher oder später im Stich lassen.

Okay, vielleicht ist es gar nicht nötig, dir von mir sagen zu lassen, dass du nicht dein ganzes Leben auf Geld oder dein Aussehen bauen solltest. Vielleicht hast du irgendeine andere, sinnvollere Sache, der du dein Leben verschreiben willst.

Du könntest dein Land bei den Olympischen Spielen vertreten, ein Restaurant eröffnen, ein Musikalbum veröffentlichen, eine Krankheit ausrotten, einen Roman schreiben oder eine NGO gründen.

Wunderbar! Das alles sind fantastische, lohnenswerte Ziele.

Zählst du allerdings darauf, dass irgendetwas davon deinem Leben Bedeutung, Sinn und Glück verleiht – sagst du dir: »Wenn ich nur *das* erreichen könnte, dann wüsste ich, dass ich wertvoll bin« –, bereite dich besser darauf vor, enttäuscht zu werden.

Warum? Nun, egal was dein Traum, dein Ziel, dein Erfolg ist – es kann nur auf zwei Arten enden, oder?

Entweder du erreichst dein Ziel oder nicht.

Sagen wir also, du scheiterst. Sagen wir, du schaffst dein Ding *nicht*.

Was dann?

Nun, war dann dein Ziel nur ein Ziel unter anderen, so wirst du über deine Enttäuschung hinwegkommen und weitermachen.

War das Erreichen dieses Zieles jedoch das, worauf du gezählt hast, um dich wichtig und wertvoll zu fühlen, dann wird dein Scheitern nicht nur eine Riesenenttäuschung sein – es wird dich *zerstören*.

Wenn du darauf setzt, dass irgendein Erfolg deinen Wert unter Beweis stellt, wenn du dies *so* wichtig für dich werden lässt und das dann *nicht* geschieht, dann wirst du dich elend fühlen.

In dem Fall scheint die Lösung ziemlich einfach, oder?

Scheitere einfach nicht.

Sagen wir also, du schaffst *tatsächlich* die Sache, für die du so hart gearbeitet hast. Sagen wir, du gewinnst den Wettlauf, wirst Jahrgangsbester, bekommst den Preis.

Herzlichen Glückwunsch! Gut gemacht.

Nun wirst du für immer glücklich sein, oder?

Naja, nein. Eine Zeit lang bist du glücklich – und das ist großartig.

Aber kein Erfolg reicht für immer. Es gibt immer den nächsten Wettlauf, die nächste Runde, den nächsten Pokal, die nächste Person, die hinter dir auftaucht, um deinen Rekord zu brechen.

Es ist genauso wie die Sache mit dem Geld. Der neue Erfolg wird schnell der alte Erfolg sein. Und schon brauchst du einen *neuen* neuen Erfolg.

Das bedeutet: Setzt du darauf, dass deine Erfolge oder Leistungen der Welt deinen Wert beweisen, so wirst du *niemals zur Ruhe kommen.*

Du wirst einfach immer weiterarbeiten, dich stressen und danach streben müssen, dich zu beweisen, bis du irgendwann *nicht* gewinnst – und dann wirst du dich elend fühlen.

Die Wahrheit lautet: Egal, ob du gewinnst oder verlierst – deine Identität auf deine Erfolge und Leistungen zu bauen, ist einfach nur eine weitere Sackgasse.

An dieser Stelle denkst du vielleicht, dass ich die Dinge zu kompliziert mache.

Vor Kurzem sprach ich mit einer Bekannten über all das. Sie wies mich auf eine scheinbar ziemlich einfache

Lösung hin: »Können wir nicht einfach ein gesundes Mittelmaß mit all diesen Dingen finden?«

Natürlich wird es dich fertig machen, wenn du von Geld, deinem Aussehen oder deinen Errungenschaften wie besessen bist. Also sei einfach nicht besessen davon. Genieße alle diese Dinge einfach um ihrer selbst willen, gib dein Bestes, um ein gutes Leben zu führen, und finde darin deinen Sinn, dein Glück und deine Bedeutung.

»Okay. Das klingt ziemlich gut«, sagte ich meiner Freundin, »aber wie stellen wir das eigentlich an? Wie vermeiden wir es, dass uns etwas so in Besitz nimmt? Wie finden wir dieses gesunde Mittelmaß? Woher wissen wir überhaupt, was ein gutes Leben *ist*?«

Sie zuckte mit den Achseln und sagte: »Tja. Das ist die wahre Herausforderung, nicht wahr?«

Wie stellen wir es also an? Menschen suchen an allen möglichen Orten nach Sinn. Doch wie wir gesehen haben, stellen sich viele dieser Wege als Sackgassen heraus. Wohin können wir uns dann wenden, um uns über all das klar zu werden?

Nun, mir scheint: Bevor du herausfindest, wie wertvoll du bist (oder *ob* du überhaupt etwas wert bist), musst du erst einmal herausfinden, wer du *überhaupt* bist.

3

Warum kann ich mir nicht einfach selbst treu sein?

Fragst du verschiedene Leute, wie du herausfinden kannst, wer du wirklich bist und wie du dein bestmögliches, sinnerfülltestes Leben leben kannst, wirst du, wie ich vermute, eine ganze Menge solcher oder ähnlicher Ratschläge hören:

»Bleib dir selbst treu.«

»Folge deinem Herzen.«

»Kümmere dich mehr um das, was dich wirklich glücklich macht.«

Mit anderen Worten: Du findest dein wahres Ich, indem du *in dich* hineinschaust. Du musst herausfinden, was du ganz tief drin *fühlst* und was du zutiefst *willst* – und dann musst du dem mit allem nachjagen, was du hast.

Klingt oberflächlich betrachtet ziemlich vernünftig, oder?

Bohrt man jedoch ein wenig tiefer, stellt sich heraus: Das ist gar nicht so einfach, wie es sich anhört.

Stell dir nur mal vor, einer deiner Freunde schaut tief in sich hinein und entdeckt: Was ihm mehr Freude macht als alles andere auf der Welt, ist, Dinge in Brand zu stecken. Er liebt einfach das Flackern der Flammen, den leuchtenden, orangen Schein von brennendem Holz, den Anblick von Rauch, der zum Himmel aufsteigt – ganz zu schweigen von dem unglaublichen Gefühl von *Macht*, das er bekommt, wenn er Sachen abfackelt!

Dinge in Brand zu stecken, macht ihn einfach glücklich.

Sagen wir also, das nächste Mal, wenn dein Freund bei dir zu Besuch ist, beschließt er, ein Streichholz anzuzünden und dein Zuhause bis auf die Grundmauern niederzubrennen.

»Was *machst* du da?«, schreist du, während du quer durch den Raum hechtest und ihn am Arm packst – eine Sekunde bevor er mit dem Streichholz deine Vorhänge in Brand setzt.

Er starrt dich verständnislos an und sagt: »Was willst du denn? Ich war mir nur selbst treu.«

Ich vermute, du würdest nicht einfach mit den Achseln zucken, seinen Arm loslassen und sagen: »Oh, ach so. Sorry. Dann mach mal.«

Denn so sehr du dir wünschst, dass dein Freund glücklich ist – du willst auch weiterhin ein Haus haben, in dem du leben kannst.

Klar, das ist offensichtlich ein ziemlich lächerliches Beispiel. (Oder zumindest hoffe ich das. Falls nicht, ist es vielleicht an der Zeit, noch einmal zu überdenken, mit wem du abhängst.)

Es geht mir darum: Das erste und offensichtlichste Problem mit dem Rat, einfach *dir selbst treu zu bleiben*, besteht darin, dass es jede Menge Situationen gibt, in denen du jemand anderen *unglücklich* machen wirst, wenn du das tust, was *dich* glücklich macht.

Und das ist nicht nur auf der Ebene ein Problem, wenn jemand das Haus abfackeln wird.

Wirf einmal einen Blick auf dein eigenes Leben. Denk an die Momente, in denen andere Menschen dich verletzt, hintergangen oder enttäuscht haben – die Momente, in denen deine Beziehungen wirklich schwierig waren oder sogar zerbrochen sind. Wie viele dieser Situationen wurden dadurch verursacht, dass jemand anders etwas getan hat, was *ihn* oder *sie* glücklich machte, ohne sich wirklich darum zu kümmern, wie *du* dich dabei fühlen würdest?

Und auf der Kehrseite: Wie oft bist du schon etwas nachgejagt, weil du meintest, es würde *dich* glücklich machen, und hast dadurch letztlich jemand anderem Schmerz und Frust bereitet?

Die Wahrheit ist: Wenn du dein gesamtes Leben darauf gründest, deinem eigenen persönlichen Glück nachzulaufen, wirst du dabei am Ende ein ziemlich schrecklicher Mensch werden.

Aber natürlich ist den meisten von uns schon klar, dass das ein Problem ist. Uns ist klar: Eine Welt voller Leute, die die ganze Zeit nur tun, was *sie* glücklich macht, wäre eine absolute Katastrophe.

Deshalb würden die meisten Menschen an dieser Stelle eine geringfügige Korrektur vorschlagen: »Tue das, was dich glücklich macht – solange du damit weder dir noch jemand anderem schadest.«

Klingt wesentlich vernünftiger, oder?

Lass mich dir trotzdem sagen, warum ich immer noch nicht überzeugt bin.

Im Alter von etwa zwei Jahren war mein Cousin (der hier anonym bleiben wird) sich *sicher*, er habe herausgefunden, was ihn glücklich machen würde.

Weißt du, er hatte seine Mama genau beobachtet. Er hatte gesehen, wie sie jeden Morgen dieselbe Box aus dem Küchenschrank zog und eine Schüssel mit diesen winzigen pinken und braunen fischförmigen Keksen füllte. Sie stellte die Schüssel immer in dieselbe Ecke auf den Küchenboden. Dann ging sie weg und ließ sie einfach dort stehen.

Gewöhnlich kam nun der Familienkater angelaufen und aß all diese köstlichen Kekse – heute allerdings nicht.

Heute war mein Cousin an der Reihe.

Es war an der Zeit für ihn, seinem Herzen zu folgen – sich selbst treu zu sein – und zu tun, wovon er wusste, dass es ihn wirklich, wahrhaft glücklich machen würde.

Und tatsächlich: Fünfzehn Minuten später kam meine Tante zurück in die Küche und fand ihren zweijährigen Sohn. Er hatte einen leeren Katzenfressnapf auf dem Schoß und strahlte sie an.

Da lächelte er noch. Aber er lächelte nicht mehr lange.

Mein Cousin war sich *so* sicher gewesen, dass es ihn wirklich und wahrhaftig glücklich machen würde, eine ganze Schüssel Katzenfutter zu essen. Doch eine Stunde später machten seine Bauchschmerzen nur allzu deutlich, dass er einen schwerwiegenden Fehler begangen hatte.

Möglicherweise liest du diese Geschichte und sagst jetzt: »Na ja, natürlich wusste *er* nicht, was ihn glücklich machen würde. Er war zwei Jahre alt! Was erwartest du!«

Sicher, hoffentlich wissen wir alle es besser als ein Zweijähriger.

Sogar als ich erst sieben oder acht Jahre alt war, konnte ich schon auf einen Haufen Entscheidungen zurückblicken, die ich im Alter von zwei Jahren getroffen hatte, und denken: »Wow, das war ziemlich dumm. Was bin ich froh, dass ich es heute besser weiß.«

Aber weißt du, was auch genauso wahr ist?

Als ich fünfzehn wurde, konnte ich auf einen Haufen Entscheidungen zurückblicken, die ich im Alter von acht Jahren getroffen hatte, und denken: »Wow, das war ziemlich dumm. Ich bin so froh, dass ich es heute besser weiß.«

Und das sagt mir etwas.

Es sagt mir: Obwohl ich gerne denken möchte, ich hätte jetzt alles gecheckt – obwohl ich glauben möchte, ich wäre heute weise genug, vorherzusagen, was mich wirklich glücklich machen wird –, liege ich vermutlich noch immer die Hälfte der Zeit falsch.

Ich wette: Wenn ich fünzig bin, werde ich auf einen Haufen Entscheidungen zurückblicken, die ich heute treffe, und denken: »Wow, das war ziemlich dumm. Ich bin so froh, dass ich es heute besser weiß.«

Und ich glaube, dasselbe gilt auch für dich.

Das Problem an »Tue, was dich glücklich macht, solange es weder dir noch anderen schadet« ist, dass wir ehrlich gesagt nicht besonders gut darin sind, vorauszusagen, was uns oder anderen schaden wird.

Du musst nicht erst fünfzig werden, um das herauszufinden.

Wir alle haben schon Situationen erlebt, in denen wir versucht haben, einer anderen Person zu helfen – aber letztlich haben wir alles nur schlimmer gemacht. Und wir alle haben schon Situationen erlebt, in denen wir etwas hinterhergelaufen sind, wovon wir sicher waren, dass es uns glücklich machen würde. Und dann war das doch nicht so.

Die Welt ist groß und kompliziert und verwirrend. Und wir haben einfach nicht genug Weisheit oder Informationen, um mit Sicherheit zu wissen, dass wir am Ende mit unserem Verhalten nicht doch uns selbst oder anderen schaden werden.

Und hier geht es nur um die Momente, in denen wir ehrlich versuchen, das Richtige zu tun – was ja längst nicht immer der Fall ist.

Das bringt uns zu einem noch tiefer liegenden Problem, uns selbst treu zu sein.

Die Wahrheit ist nämlich: Ein Teil von »mir selbst« ist gar nicht so gut oder gesund, dass ich ihm treu sein sollte.

Wenn es nun mein tiefster Wunsch wäre, hart zu arbeiten und all meine Schulaufgaben nicht schleifen zu lassen, würde es vermutlich ganz gut für mich funktionieren, mir selbst treu zu bleiben. Aber was ist mit all den Tagen, an denen mein tiefster Wunsch ist, einfach auf dem Sofa zu liegen und stattdessen Videospiele zu spielen?

Wäre es mein tiefster Wunsch, meinen Freunden gegenüber liebenswürdig und großzügig zu sein, so würde es für die Menschen in meinem Umfeld ganz gut funktionieren, wenn ich mir selbst treu bleiben würde. Aber was ist mit all den Momenten, in denen es mein tiefster Wunsch ist, selbstsüchtig oder gar gemein zu sein?

Wir sind vielleicht versucht, diese negativen Seiten von uns anzuschauen und zu sagen: »Das ist aber nicht mein *wahres* Ich« – aber wer sonst sollte es dann sein!

Was wir wirklich meinen, ist: »Das ist nicht, was ich sein *möchte.*« Und das ist toll, dass uns das klar ist! Aber genau aus diesem Grund ist es viel zu vereinfachend zu sagen, dass wir uns selbst treu bleiben wollen.

Wenn wir herausfinden wollen, wer wir wirklich sind, können wir nicht einfach unseren tiefsten Gefühlen und Wünschen hinterherrennen. Denn unsere Gefühle und Wünsche ändern sich am laufenden Band. Außerdem widersprechen sie sich gegenseitig und führen uns nicht immer zu gesunden Ergebnissen.

Wir können nicht einfach *uns selbst treu bleiben.* Wir müssen uns entscheiden, welchen Bereichen von uns wir treu bleiben wollen.

Wir können nicht einfach *unserem Herzen* folgen. Wir müssen sortieren, was *in* unserem Herzen ist, und herausfinden, was wir mit alledem tun wollen.

Dazu brauchen wir jemanden oder etwas *außerhalb* von uns selbst. Wir brauchen irgendeine *andere* Stimme, die uns dabei helfen kann, unsere Gedanken und Gefühle zu sortieren um herauszufinden, wer wir wirklich sind, wer wir sein wollen und wie wir tatsächlich auf eine Art und Weise leben können, die dem entspricht.

Hier kommen die Menschen um uns herum ins Spiel.

4

Warum kann ich nicht einfach auf meine Freunde hören?

Wenn du ein bisschen so bist wie ich, betrachtest du dich gerne als einzigartiges, unabhängiges Persönchen. Du hast deine eigenen Gedanken, Ideen und Interessen. Du bildest dir deine eigene Meinung. Du triffst deine eigenen Entscheidungen. Du bist dein eigenes, freies, unabhängiges, einzigartiges Ich.

All das ist wahr. Nun ja, mehr oder weniger.

Die Sache ist die: Sobald du versuchst, dieses einzigartige, unabhängige, individuelle Ich zu *beschreiben,* wirst du feststellen, dass das unmöglich ist, ohne andere Menschen ins Spiel zu bringen.

Ich nehme mich selbst mal als Beispiel: Wer bin ich?

Nun, zunächst einmal bin ich ein Sohn meiner Eltern. Ich bin ein Bruder meiner Schwester. Ich bin ein Onkel meiner Nichte. Ich bin ein Freund meiner Freunde.

Das sind einige der tiefgreifendsten, wichtigsten Wahrheiten im Hinblick auf meine Persönlichkeit – und sie alle schließen *andere Menschen* mit ein.

Okay, klar. Aber das ist ja noch nicht die *ganze* Geschichte, oder? Ich bin schließlich außerdem auch noch mein eigenes, individuelles Ich mit meinem eigenen Leben, meinem Beruf und meinen Errungenschaften!

Ich bin ein Lehrer – für andere Menschen.

Ich schreibe Bücher – damit andere Menschen sie lesen können.

Ich lebe in meiner eigenen Wohnung – die jemand anders gebaut hat.

Aber gut, vielleicht sind wir einfach noch nicht genug in die Tiefe gegangen. Denn das sind ja nur die Dinge, die ich tue, oder? Das ist nicht, wer ich *bin*.

Was ist damit, wie ich mich ausdrücke? Mit meiner Kleidung zum Beispiel? *Sie* ist doch zumindest ein Ausdruck meiner einzigartigen, persönlichen Identität, oder?

Schließlich ziehe ich mich so an, wie ich will!

Nun ja, außer auf der Arbeit, denn dort muss ich ein Hemd mit Krawatte tragen, um mich an den Dresscode meiner Schule zu halten.

Aber am *Wochenende,* da ziehe ich mich an, wie ich will:

... mit Klamotten, die andere Menschen hergestellt haben.

... geprägt von Modetrends, die andere Menschen populär gemacht haben.

... damit ich mich anderen Menschen gegenüber zeigen kann.

Okay. In Ordnung. Aber das ist ja alles nur äußerlich. Was ist mit meinen stärksten, tief verankerten Meinungen, Werten und Überzeugungen? Wenigstens *die* sind doch gewiss meine eigenen, oder?

Natürlich.

Abgesehen von der Tatsache, dass sie natürlich massiv von meinen Freunden, den Büchern, die ich gelesen habe, den Menschen, denen ich in den sozialen Medien folge, und der Kultur um mich herum beeinflusst sind.

Die Wahrheit ist: Sogar die tiefsten, geheimsten Teile meines eigenen Herzens und Denkens wurden von den Menschen um mich herum geprägt. Und selbst wenn ich mir einen Flieger schnappen und auf eine einsame Insel fliegen würde, um nie wieder mit einer Menschenseele zu reden, so könnte ich dem *trotzdem* nicht entkommen – es ist einfach schon zu spät. Die Stimmen dieser anderen Menschen sind ja längst in meinem Kopf.

Dasselbe gilt auch für dich.

Es ist nicht so, dass wir kein einzigartiges, individuelles Ich sind. Das sind wir auf jeden Fall. Doch ob wir es zugeben mögen oder nicht: Diese individuellen Ichs sind zutiefst beeinflusst und geprägt durch die *anderen* individuellen Ichs, die uns überall umgeben.

Mir wurde das in meinen letzten eigenen Schuljahren glasklar. Dort war ich plötzlich von lauter Menschen umgeben, die mir nur allzu gerne sagen wollten, wer ich ihrer Meinung nach sei:

Der Dicke.

Der Außenseiter.

Der unsportliche Typ.

Der Typ, der irgendwie nicht dazugehört.

Manche Leute sagen: »Es ist egal, was andere von dir denken. Was zählt, ist, was du von dir denkst!«

Das ist eine nette Idee. Das Problem ist nur: Sie ist totaler Schrott.

Du glaubst mir nicht? Probiere es mal aus. Versuch, ein positives Selbstbild zu behalten, wenn alle anderen dir sagen, du seist eine völlige Niete.

Die Wahrheit lautet: Sosehr wir es auch leugnen wollen, wir wurden für Beziehungen zu anderen Menschen geschaffen und es ist uns *nicht* egal, was sie denken.

Was ist dann die Lösung?

Nun, manche Leute werden dir sagen: »Ignorier die Hater und konzentrier dich auf die Menschen, die dich aufbauen.«

Aber wieder stellt sich heraus: Das echte Leben ist viel komplizierter als das.

Denn was ist mit den Momenten, in denen die Kritik, die andere dir gegenüber äußern, *wahr* ist? Solltest du wirklich nur dann auf Leute hören, wenn sie dir sagen, was du hören willst?

Oder was ist mit der Kritik, die sich in deinem eigenen Kopf wahr anfühlt, aber tatsächlich voll danebenliegt? Wie kannst du filtern, was wahr ist und was nicht?

Was, wenn die verletzenden Kommentare nicht von *den negativen Leuten da draußen* kommen, sondern von einem der Menschen, die wir am meisten lieben?

Der Rat von einem Freund, der es nur gut meint und dich denken lässt: »Moment – so wirke ich auf andere Leute?«

Diese Nebenbemerkung, die irgendjemand vor zwei Jahren zu deinem Aussehen gemacht hat und die dich nachts immer noch wach hält.

Diese kleinen Andeutungen eines Lehrers oder Familienmitglieds, dass du trotz all deiner Bemühungen nicht ganz den Erwartungen entsprichst.

Wie werden wir mit alle*dem* fertig?

Einerseits können wir gar nicht *ohne* die Meinungen anderer Menschen leben. Suchst du nämlich in dir selbst nach der Grundlage für deinen Wert und deine Bedeutung, wirst du lediglich in einer Endlosschleife von Verwirrung und Selbstzweifeln landen.

Machen wir uns andererseits von den Meinungen anderer Menschen *abhängig,* wird uns das ebenfalls völlig fertigmachen. Wir alle sind unvollkommen und fehlerhaft. Früher oder später werden selbst die Menschen, die uns am nächsten stehen, uns manchmal enttäuschen – ob sie es beabsichtigen oder nicht. Wenn du daher bei anderen Menschen nach der Grundlage für deinen Wert und deine Bedeutung suchst, wirst du den Rest deines Lebens in der Achterbahn der Meinungen anderer Leute verbringen.

Was bleibt uns da noch übrig?

Gibt es irgendeine Möglichkeit, das alles zu entwirren und einen gesunden Umgang damit zu finden, der uns Frieden und Freiheit bringt?

Ich glaube schon.

Im Neuen Testament der Bibel begegnen wir einem Mann namens Paulus. Diesem Typen mangelte es nicht gerade an Kritikern. Er war verspottet, ausgepeitscht, inhaftiert, zusammengeschlagen, aus der Stadt gejagt und mit Steinen beworfen worden, bis er halb tot war. Paulus wusste, wie es sich anfühlt, die Meinung der Leute gegen sich zu haben.

Aber irgendwie konnte er nach alledem trotzdem folgende Worte schreiben:

> Aber was mich betrifft, ist es egal, ob ich von euch oder irgendeinem menschlichen Gericht beurteilt werde. Ich beurteile mich ja nicht einmal selbst. Zwar bin ich mir keiner Schuld bewusst, aber dadurch bin ich noch nicht gerecht gesprochen; der Herr ist es, der über mich urteilt. (1. Korinther 4,3–4)

Paulus sagte, er habe einen Weg gefunden, sich nicht länger von den Meinungen anderer einschüchtern zu lassen (es war ihm eigentlich egal, ob sie ihn verurteilten). *Und* er hatte sogar aufgehört, sich selbst wegen seines eigenen Versagens und seiner Schwächen fertigzumachen (er beurteilte sich nicht einmal selbst).

Aber wie hat er das geschafft?

Er ignorierte nicht einfach seine Hasser und blieb sich selbst treu. Er wusste: Selbst wenn seine eigenen Entscheidungen ihm richtig *erschienen*, so bedeutete das immer noch nicht, dass er tatsächlich richtiglag.

Paulus entdeckte diese Freiheit, indem er einen anderen Ansprechpartner fand, an den er sich wenden konnte, um Liebe, Annahme und Bedeutung zu finden. Eine andere Person, die ihm dabei helfen konnte, herauszufinden, wer er war und wie er leben sollte.

Paulus erlebte wahre Freiheit, indem er seine Identität darin fand, wer er in Gottes Augen war.

5

Wo finde ich wahre Freiheit?

Werfen wir einen kurzen Blick zurück auf das, was wir bis jetzt herausgefunden haben.

Wir alle suchen nach Sinn und Bedeutung im Leben. Wir alle versuchen zu verstehen, wer wir sind und wo wir hingehören. Wir alle wollen wissen, dass wir wertvoll sind.

Menschen suchen an allen möglichen Orten nach dieser Bedeutung – in dem, was sie besitzen, in ihrem Aussehen oder in dem, was sie tun können. Nichts davon ist an sich grundsätzlich *schlecht*. Diese Dinge sind nur einfach nicht zuverlässig, tragfähig oder beständig genug, um unser gesamtes Leben darauf zu bauen. Wenn wir darauf setzen, dass uns irgendetwas davon sagt, wer wir sind und ob wir wertvoll sind, werden wir jedes Mal nur erschöpft und enttäuscht zurückgelassen.

Aber was wird uns *nicht* enttäuschen?

Nun, viele Menschen würden dir raten, dir *selbst* zu vertrauen – in dein Herz hineinzuschauen und dich von deinen eigenen, tiefsten Gefühlen leiten zu lassen. Aber auch das entpuppt sich als Sackgasse. Denn unsere tiefsten Gefühle ändern sich ständig, sie widersprechen sich und manche von ihnen sind nicht einmal gut oder richtig, nicht etwas, dem man treu sein sollte.

Wie wir gerade festgestellt haben, ist das Problem: Unseren Selbstwert in der Anerkennung anderer Menschen zu suchen, ist genauso eine Achterbahn. Was wir wirklich brauchen, ist etwas, das größer ist als wir selbst, größer als andere Menschen und das uns führen und leiten kann.

Das bringt uns zu Gott.

Mehr als tausend Jahre, bevor Paulus in jenem Brief an die Korinther davon schrieb, wie er seine Identität in Gott gefunden hat, waren seine Vorfahren, die Israeliten, gerade der Sklaverei in Ägypten entflohen. Sie kampierten am Fuße des Berges Sinai, wo Gott ihnen eine Reihe von Gesetzen gab, um ihnen zu zeigen, wie sie als sein Volk leben sollten.

Das allererste Gesetz, das er ihnen gab, lautete so:

> »Ich bin Jahwe, dein Gott! Ich habe
> dich aus dem Sklavenhaus Ägyptens
> befreit. Du darfst keine anderen Götter
> haben neben mir!« (2. Mose 20,2–3)

Einerseits sagte Gott seinem Volk damit: »Betet nicht zu Osiris, Isis, Horus oder irgendeinem der anderen Götzen, die eure Sklavenhalter dort in Ägypten angebetet haben. Betet auch nicht zu Baal, Aschera oder irgendeinem der Götzen, die die Leute in dem Land anbeten, in das ich euch jetzt bringen werde. Ich bin der einzig wahre Gott und ihr seid mein Volk – also betet mich an.«

Der Befehl hatte jedoch noch eine tiefere Bedeutung.

Als Gott sagte: »Du darfst keine anderen Götter haben neben mir!«, da befahl er ihnen andererseits damit, niemand und nichts mehr wertzuschätzen als ihn.

Sie sollten ihren tiefsten Sinn, ihre Bedeutung und Sicherheit im Leben nicht in ihrem Geld, ihrem Besitz, ihrem Aussehen, ihren Fähigkeiten, ihren Freunden, ihrer Familie oder *irgendetwas anderem* suchen. Gott wollte, dass sein Volk bei *ihm* danach suchte.

Auf den ersten Blick wirkt das möglicherweise ein bisschen befremdlich.

War Gott wirklich *so* einsam, unsicher und verzweifelt auf der Suche nach Aufmerksamkeit? War er wirklich so selbstsüchtig, zu denken, alle sollten sich nur um ihn kümmern?

Nein.

Gott gab seinem Volk diese Regel nicht, weil er irgendetwas *von* ihnen brauchte, sondern weil er wusste, dass es das Beste für *sie* war. Klar, Gott verdiente die Liebe seines Volkes zu hundert Prozent. Aber er befahl ihnen nicht, ihn zu lieben, weil er das brauchte. Er tat es, weil das etwas war, was *sie* brauchten.

Generationen später dachte ein weiterer Angehöriger von Gottes Volk über die Gesetze nach, die Gott ihnen gegeben hatte. Er kam zu dem überraschenden Schluss:

> Ich werde weiten Raum zum Leben haben, weil ich mich stets nach deiner Weisung richte. (Psalm 119,45 GNB)

Er sagte, er sei deshalb frei, weil er Gott über sein Leben bestimmen ließ, weil er sich von ihm leiten und zeigen ließ, wie man am besten lebt.

Gewöhnlich verstehen wir unter Freiheit das *Gegenteil* von Regeln. Aber Gott sagt: Wahre Freiheit entsteht, wenn wir ihn Herr über uns sein lassen und uns von ihm leiten lassen.

Auf den ersten Blick wirkt das vielleicht irgendwie verdreht.

Aber wenn wir erst einmal darüber nachdenken, merken wir schon, dass das in vielen anderen Bereichen unseres Lebens ja auch gilt.

Beim Schlaf zum Beispiel. Dein Körper *braucht* jede Nacht eine anständige Menge Schlaf, um gesund zu bleiben.

Diese Tatsache kannst du ignorieren, wenn du willst. Du kannst dir Kaffee und Energydrinks reinkippen und dir jedes Mal eine Ohrfeige geben, wenn deine Augenlider schwer werden – aber gut wird das für dich nicht enden.

Das Schlafbedürfnis deines Körpers zu ignorieren, mag sich kurzfristig nach Freiheit anfühlen. Doch irgendwann wird es deine Freiheit *zerstören*. Es wird dich körperlich und seelisch ruinieren, weil dein Körper darauf *angelegt* ist, zu schlafen.

Dasselbe gilt für Essen. Dein Körper *braucht* eine angemessene Ernährung, damit es ihm gut geht.

Natürlich kannst du auch diese Tatsache ignorieren, wenn du möchtest. Sich von Burgern und Pommes zu ernähren, fühlt sich anfangs vielleicht wirklich nach Freiheit an. Aber irgendwann wird es dich ruinieren. Diese Art von Ernährung wird dich kaputtmachen, weil dein Körper auf gesunde Ernährung *angelegt* ist.

Wenn du dauerhafte Gesundheit und Freiheit willst, wirst du sie nicht finden, indem du die Dinge *ignorierst*, die du zum Überleben brauchst.

Du wirst sie finden, indem du die Realität akzeptierst.

Du bist darauf angelegt, dass Schlaf dir guttut.

Du bist darauf angelegt, dass gesundes Essen dir guttut.

Was Gott hier sagt, ist: Auf einer noch tieferen Ebene bist du genauso darauf angelegt, dass seine Liebe, seine Fürsorge und Leitung dir guttun.

Gott hat dich geschaffen. Herauszufinden, wer *du* bist, geht deshalb Hand in Hand damit einher, herauszufinden, wer *er* ist.

Der Grund, warum es so anstrengend ist, sich eine eigene Identität zu erschaffen, liegt darin, dass wir nie dazu bestimmt waren, unsere Identität selbst zu *erschaffen*.

Deine wahre Identität, dein wirklicher Wert, ist nichts, was du dir selbst erschaffen, verdienen oder konstruieren musst. Es ist etwas, das Gott dir *schenkt*. Und er will dir helfen dies zu entdecken, wenn du ihn in den Mittelpunkt deines Lebens stellst.

Gott erwartet nicht von dir, dass du deine Freiheit aufgibst, um ihm nachzufolgen. Er möchte, dass du ihm nachfolgst, damit er dich zur Freiheit führen kann – zum wahren Leben, zu dem Sinn und Ziel, für das er dich geschaffen hat.

Vielleicht klingt dies für dich, als würde Gott damit sagen: »Liebe mich mehr und deine Freunde, deine Familie und dein Leben dafür weniger.« Das ist jedoch nicht das, was er von dir will!

Ganz im Gegenteil.

Gott weiß: Wenn wir ihn an die erste Stelle setzen, das heißt, wenn wir zulassen, dass er unser Leben mit Liebe und Freude, mit Sinn und Bedeutung erfüllt – mit den Dingen, nach denen wir uns alle so sehr sehnen –, dann werden wir in der Lage sein, unsere Freunde und Familie *viel* besser zu lieben, als wir es jemals ohne seine Hilfe tun könnten.

Gott an die erste Stelle zu setzen, wird uns außerdem frei machen, dieses »gesunde Mittelmaß« zu finden, von dem meine Freundin vorher sprach – unser Geld, unsere Errungenschaften und all die anderen guten Dinge, die Gott uns schenkt, zu genießen, ohne davon *besessen* zu sein.

So verkehrt herum es auf den ersten Blick wirken mag – wenn Gott uns einlädt, ihn zum Allerwichtigsten in unserem Leben zu machen, lädt er uns tatsächlich auf eine Reise ein, um unser wahrstes und freiestes Ich zu finden.

Das bringt uns zur nächsten Frage: Wer oder was genau *ist* unser wahrstes und freiestes Ich?

Wer sind wir eigentlich in Gottes Augen?

6

Was sagt Gott darüber, wer ich bin?

Was sagt Gott darüber, wer wir sind?

Was ist der Sinn unseres Lebens?

Was macht unsere tiefste, wahre Identität aus?

Schon auf den ersten Seiten der Bibel erhalten wir einen kleinen Einblick in die Antwort. In diesen ersten Zeilen wird beschrieben, wie Gott das gesamte Universum erschafft. Er stattet die Erde mit einem wunderschönen und funktionierenden Ökosystem aus Pflanzen und Tieren aus. Und dann – als Letztes und Großartigstes von allem – erschafft er sein Meisterwerk:

> Da schuf Gott den Menschen
> nach seinem Bild, er schuf ihn
> als sein Ebenbild, als Mann und
> Frau schuf er sie. (1. Mose 1,27)

Dieser Vers sagt uns einige wirklich grundlegende – und wirklich wichtige – Dinge darüber, wer der Mensch ist.

Erstens: Die Menschen wurden von Gott erschaffen.

Wir sind nicht durch Zufall oder gar einen Unfall entstanden. Wir sind keine zufällige Ansammlung von Molekülen, die von einem geistlosen Universum blindlings zusammengewürfelt wurden. Wir wurden mit Absicht erschaffen.

Nicht nur das. Wir wurden mit einer *Bestimmung* erschaffen. An dieser Stelle kommt die Vorstellung, dass Menschen »nach dem Ebenbild Gottes« geschaffen sind, ins Spiel.

Der Sinn eines *Bildes* von etwas besteht darin, zu zeigen, wie das Original aussieht – es zu repräsentieren und widerzuspiegeln.

Wenn die Bibel daher sagt, wir seien als *Gottes* Ebenbild geschaffen, dann sagt sie damit, dass wir dazu erschaffen wurden, Gott in seinem Universum zu repräsentieren und ihn widerzuspiegeln. Wir wurden dazu gemacht, ihn zu kennen, seine unglaubliche Liebe und Güte zu erleben und diese Liebe und Güte dann Gott gegenüber zu erwidern und sie in diese Welt zurückzuspiegeln.

Der Plan ist jedoch nicht, dass wir das allein tun.

Das ist so offensichtlich, dass du es vielleicht sofort überlesen hast. Aber als Gott die Menschen erschuf, erschuf er nicht nur *ihn* oder *sie*.

Er erschuf »sie« im Sinne von vielen, ja von allen Menschen.

Offenbar ist es also kein Einmannjob, Gottes Ebenbild zu sein. Offenbar ist die Liebe ein *so zentraler* Bestandteil von Gott, dass wir ihn in der Welt nur *zusammen*, in liebevollen Beziehungen zu anderen Menschen, angemessen repräsentieren und widerspiegeln können.

Das erklärt übrigens auch, was wir zuvor gesehen haben – dass wir nämlich unser eigenes Leben gar nicht von dem Leben anderer Menschen trennen können. Das war schlichtweg nie so vorgesehen! Menschliches Leben war immer dazu gedacht, in einer tiefen, geschützten, liebevollen Gemeinschaft gelebt zu werden.

Das ergibt vollkommen Sinn, wenn du mal über die vielleicht kniffligste Sache nachdenkst, die die Bibel über Gott lehrt: Er ist *drei in einem – eine Dreieinheit*.

Die Bibel betont, dass es nur einen einzigen wahren Gott gibt, aber dass dieser Gott in *drei* Personen existiert: dem Vater, dem Sohn und dem Heiligen Geist. Dabei handelt es sich nicht um drei *verschiedene* Götter oder drei verschiedene *Teile* von Gott, auch nicht um drei verschiedene *Formen*, die Gott annehmen kann. Sie sind alle Gott, alle zusammen, die ganze Zeit.

Aber wie genau funktioniert das?

Ich habe keine Ahnung.

So seltsam und verwirrend das alles jedoch sein mag, es führt uns direkt zur tiefsten und wichtigsten Wahrheit im Hinblick darauf, wer Gott ist.

Gott ist nicht einfach irgendein einsamer, alter Mann irgendwo da draußen auf einer Wolke.

Gott ist eine Beziehung.

Gott ist eine Gemeinschaft.

Gott ist Liebe.

Wenn *wir* daher einander lieben, sind wir nicht einfach nur nett.

Wir zeigen uns gegenseitig die tiefste Wahrheit darüber, wer Gott ist.

Wir leben unsere wahre Bestimmung in der Welt aus.

Menschen wurden von Gott für perfekte, niemals endende Liebe und Gemeinschaft mit ihm geschaffen – *und* für perfekte, niemals endende Liebe und Gemeinschaft miteinander (Matthäus 22,37–40).

Wenn wir im ersten Buch Mose weiterlesen, sehen wir: Die Art und Weise, wie wir das ausleben sollen, besteht darin, gemeinsam die Welt in Besitz nehmen.

> Gott segnete sie dann und sagte zu ihnen: »Seid fruchtbar und vermehrt euch! Füllt die Erde und macht sie euch untertan! Herrscht über die Fische im Meer, über die Vögel am Himmel und über alle Tiere, die auf der Erde leben!« (1. Mose 1,28)

Wenn Gott sagt, dass der Sinn unseres Lebens darin besteht, ihn zu lieben und andere zu lieben, so heißt das nicht, dass wir geschaffen wurden, um den ganzen Tag lang nur mit warmen, kuscheligen Gefühlen herumzusitzen.

Gott will, dass die Menschen mit ihm zusammen sein großes Universum verwalten, dass sie es füllen, es erforschen und sich darum kümmern. Wir sollen darin arbeiten und spielen, bauen und kreativ sein, staunen, erfinden und entdecken. Wir sollen uns immer weiter von seinem unbegrenzten Leben, seiner endlosen Liebe und Güte erfüllen lassen – und dieses Leben, diese Liebe und Güte dann in allem widerspiegeln, was wir tun.

Gott schuf die Menschen mit einer großartigen, ewigen Bestimmung und einer Lebensaufgabe in seinem gewaltigen Universum – eine Bestimmung und eine Aufgabe, die unmittelbar Gottes eigener riesiger, unendlicher Liebe zur Menschheit entspringen.

Und das sind natürlich offensichtlich großartige Aussichten für die Menschheit.

Aber was ist mit *dir*?

Schau mal, die Sache ist die: Ich liebe M&M's. Ich finde diese Schokobonbons einfach großartig. Falls du irgendwelche M&M's übrig hast, ich kümmere mich gern um sie.

Das bedeutet allerdings nicht, dass *jedes einzelne* M&M für mich von besonderem Wert ist. Wenn mir ein M&M herunterfällt und in den Gully rollt oder so, dann werde ich deshalb nicht todunglücklich sein. Ich rufe nicht die Polizei und versuche, einen Suchtrupp zusammenzutrommeln. Ich zucke lediglich mit den Achseln und denke mir: »Na ja. Es gibt ja noch jede Menge anderer davon.«

Warum erwähne ich das hier? Wenn wir anfangen, über Gottes Liebe zu reden, habe ich den Eindruck, wir stellen sie uns so ähnlich vor.

Gott sagt uns in der Bibel immer wieder, wie sehr er uns liebt. Aber was heißt das genau?

Natürlich, Gott liebt *Menschen*. Gott sagt, *Menschen* sind wertvoll. Gott hat *Menschen* aus einem bestimmten Grund geschaffen. Aber bedeutet das auch, dass *jeder* Mensch ihm etwas bedeutet? Liebt er jeden einzelnen

Menschen persönlich? Oder liebt Gott Menschen eher so, wie ich M&M's liebe? Liebt er sie nur irgendwie als Gruppe?

Wenn du Gottes Liebe nämlich eher als so etwas *Allgemeines* betrachtest, wirst du leicht das Gefühl bekommen, Gott liebt *dich* eigentlich gar nicht. Oder er liebt dich vielleicht nur so zufällig – du bist halt mit dem Rest der Truppe in einem Topf.

Vielleicht stellst du dir vor, wie Gott irgendwo da oben sitzt und sagt: »Ich liebe jeden!« Und dann zeigt jemand auf dich und Gott sagt: »Was? Ach, *die* da? Nun ja, die liebe ich natürlich auch, schätze ich. Ich liebe sie ja alle.«

Falls du dir das *so* vorstellst, fühlt es sich wahrscheinlich nicht so an, als würde Gott dich so besonders lieb haben.

Zum Glück verhält es sich in Wahrheit völlig anders mit Gottes Liebe. Jesus hat das so erklärt:

> Da erzählte Jesus ihnen folgendes Gleichnis: »Wenn jemand von euch hundert Schafe hat und eins davon sich verirrt, lässt er dann nicht die neunundneunzig in der Steppe weitergrasen und geht dem verlorenen nach, bis er es findet? Und wenn er es gefunden hat, trägt er es voller Freude auf seinen Schultern nach Hause. Dann ruft er seine Freunde und Nachbarn zusammen und sagt zu ihnen: ›Freut euch mit mir!

> Ich habe mein verlorenes Schaf wiedergefunden!‹ Ich sage euch: Im Himmel wird man sich genauso freuen. Die Freude über einen Sünder, der zu Gott umkehrt, ist größer als über neunundneunzig Gerechte, die es nicht nötig haben, umzukehren. […]« (Lukas 15,3–7)

Wenn du jetzt an dieser Stelle das Wort Hirte liest, denk nicht an einen *Bauern* – denn heutzutage hat ein Bauer meistens keine persönliche Verbundenheit mit seinen Schafen.

Zu Jesu Zeit war ein Hirte etwas anderes.

Ein guter Hirte *kannte* jedes einzelne Schaf in seiner Herde. Er *kümmerte sich* um jedes einzelne Schaf in seiner Herde.

Wenn er ein Schaf verlor, zuckte er nicht einfach mit den Achseln und dachte sich: »Na ja. Davon gibt es ja noch jede Menge anderer.« Er ging es suchen und rettete es.

Und wenn er es dann gefunden hatte, freute er sich riesig, weil er sein kostbares Schaf, das verloren gegangen war, wiederhatte!

Jesus sagt: *So* sieht Gottes Liebe aus.

Gott liebt dich nicht so, wie ich meine M&M's liebe. Er liebt uns nicht nur alle als große Gruppe. Gott liebt dich so, wie ein guter Hirte seine Schafe liebte.

Gott sagt nicht nur, *Menschen* sind wertvoll.

Er sagt, *du* bist wertvoll.

Gott liebt nicht einfach *Menschen.*

Er liebt *dich.*

Gott lädt nicht einfach *Menschen* zu seinem unglaublich herrlichen Plan und Ziel für die Welt ein.

Er lädt *dich* ein.

Es gibt jede Menge wahre Dinge über dich zu sagen – deine Kultur, dein familiärer Hintergrund, deine Fähigkeiten, Interessen und Leistungen, wie du aussiehst, wie viel Geld du hast, wen du gernhast und wen du nicht ausstehen kannst. Wahrer als *all* das ist jedoch die Tatsache, dass du von Gott geschaffen wurdest und dass er dich kennt und liebt.

7

Was ist damit, dass ich es so oft vermassle?

Okay. Gott hat die Menschen also für ein Leben in vollkommener Liebe, Frieden und Freiheit und Gemeinschaft mit ihm und miteinander geschaffen.

Das klingt alles wirklich toll.

Leider klingt es aber auch so gar nicht nach der Welt, in der wir tatsächlich leben.

Wenn Liebe zu Gott und zueinander der Sinn menschlichen Lebens ist, dann – machen wir uns mal nichts vor – wird die Menschheit ihrer Bestimmung nicht gerade gerecht.

Ich meine, klar, es gibt da draußen ein paar *unglaubliche* Beispiele von Liebe. Aber die Welt ist zugleich voll von Krieg, Gewalt, Ungerechtigkeit und Leid und jedem anderen erdenklichen Übel.

Wenn Liebe der Sinn menschlichen Lebens ist, dann ist irgendetwas schrecklich schiefgegangen.

Und wenn wir mal ehrlich mit uns selbst sind: Wir *alle* sind Teil des Problems.

Die Bibel formuliert das folgendermaßen: »Alle haben gesündigt und die Herrlichkeit Gottes verloren« (Römer 3,23).

Stell dir vor, du visierst mit Pfeil und Bogen ein Ziel an. Du zielst auf den Punkt in der Mitte, spannst den Bogen und lässt den Pfeil los. Er schwirrt durch die Luft …

Und dann geht er in den Boden und bohrt sich in den Dreck.

Du hast nicht nur den Punkt in der Mitte verpasst.

Du hast noch nicht einmal die *Zielscheibe* getroffen.

Die Bibel sagt, dass so unser Leben ist. Gott hat uns zu dieser unglaublichen, herrlichen Bestimmung berufen – zu einem Leben in perfekter Liebe zu Gott und zueinander.

Das ist die Zielscheibe.

Das Problem ist nur: Keiner von uns schafft es tatsächlich, sie zu treffen.

Das wirft eine Frage auf: Wie reagiert Gott darauf, dass wir unsere Lebensbestimmung verfehlen, für die er uns geschaffen hat?

Kehren wir noch einmal zu der Geschichte von dem Hirten zurück, die Jesus erzählt hat.

Eigentlich sollten wir noch ein Stück weiter zurückgehen. Kurz *vorher* begegnen wir nämlich den beiden Personengruppen, denen Jesus diese Geschichte ursprünglich erzählt hatte:

> Immer wieder hielten sich auch Zoll-
> einnehmer und andere Leute mit
> schlechtem Ruf in der Nähe von Jesus
> auf; auch sie wollten ihn hören. Die
> Pharisäer und die Gesetzeslehrer

> waren darüber empört. »Der nimmt Sünder auf«, sagten sie, »und isst sogar mit ihnen!« (Lukas 15,1–2)

Die Zolleinnehmer und Leute mit schlechtem Ruf (in anderen Bibelübersetzungen die »Sünder«) waren damals die »Bösen«– Menschen, die Gottes Herrlichkeit auf grobe, hässliche, unübersehbare Weise verfehlt hatten. Menschen, die annahmen, Gott *könne* sie gar nicht lieben, weil sie so schlecht waren.

Die Pharisäer und Gesetzeslehrer waren damals die »Guten« – zumindest dachten sie das selbst. Sie hielten sich an die Regeln und von außen sah es so aus, als würden sie alles auf die Kette bekommen. Daher nahmen sie an, Gott *müsste* sie lieben, weil sie ja so gut waren.

Doch dann kam Jesus. Er verbrachte ständig Zeit mit den Zolleinnehmern und Sündern – mit den »Bösen«. Er erzählte ihnen, dass Gott sie liebt und ihr Freund sein will. Deshalb *liebten* die Zolleinnehmer und Sünder Jesus natürlich. Denn zum ersten Mal in ihrem Leben war da jemand, der ihnen nicht sagte, sie seien zu schlecht, als dass Gott sie lieben könnte.

Die Pharisäer und Gesetzeslehrer hingegen sahen das alles und sagten: »Whoa. Halt mal. Wenn Jesus ein guter Mensch ist, warum verbringt er dann ständig Zeit mit den schlechten Typen? Weiß er etwa nicht: Die einzige Möglichkeit, Gott dazu zu bringen, dich zu akzeptieren, besteht darin, wirklich, wirklich gut zu sein – so wie wir.«

Sie raunten einander zu: »Der nimmt Sünder auf und isst sogar mit ihnen!«

Und *daraufhin* erzählte Jesus seine Geschichte über den Hirten.

Es ging nicht nur darum einfach zu sagen: »Gott kennt und liebt dich als Einzelperson.«

Das ist natürlich absolut wahr. Aber es geht um mehr.

Der Grund, warum Jesus von einem Hirten erzählte, der ein verlorenes Schaf rettete, war folgender: Er wollte damit beschreiben, was Gott für verlorene *Menschen* tun will – für Menschen, die Gottes Bestimmung für ihr Leben verpasst und ihre Freundschaft mit ihm verspielt haben.

Jesus *wusste,* dass die Zolleinnehmer und Sünder es gründlich vermasselt hatten. Tatsächlich war er nur deshalb gekommen! Um sie zu suchen, sie zu retten und nach Hause zu bringen – um einen Weg zu schaffen, damit sie wieder mit Gott zusammenkommen konnten.

In einem Punkt hatten die Pharisäer und Gesetzeslehrer recht.

Gott hatte immer gesagt: Die *einzige* Möglichkeit, wie Menschen ihm nahe sein konnten, bestand darin, ihn über ihr Leben bestimmen und sich von ihm führen zu lassen. Wie Jesus erklärte, lief das alles darauf hinaus, Gott und andere Menschen vollkommen zu lieben (Matthäus 22,37–40). Das aber hatten die Zolleinnehmer und Sünder offensichtlich nicht geschafft.

Der große Schock für die Pharisäer und Gesetzeslehrer war jedoch, dass Jesus wiederholt darauf hinwiesen hatte, dass auch *sie* es nicht geschafft hatten. Von außen betrachtet mochten sie wirklich gut gewirkt haben. Innen drin war ihr Herz jedoch genauso verkorkst wie bei allen anderen auch.

Jesus bestand darauf: Die »Guten« waren ganz genauso verloren wie die »Bösen«. Tatsächlich schwebten sie sogar in *noch größerer* Gefahr. Denn die »Bösen« waren wenigstens bereit, zuzugeben, dass sie verloren waren!

Jesus sagt, wir *alle* verfehlen Gottes großartigen Maßstab.

Und es ist nicht nur so, dass wir zwar unser Bestes geben und trotzdem leider scheitern. Klar, manchmal versuchen wir, das Ziel zu treffen, und verfehlen es. Aber es gibt auch Momente, da ist es gerade so, als würden wir unsere Pfeile in die völlig entgegengesetzte Richtung abschießen. Wir lehnen Gott und seinen Willen ganz und gar ab, weil wir – ehrlich gesagt – lieber unser eigenes Ding machen wollen.

Die Folge ist, so sagt Jesus, dass wir verloren sind. Egal wie sehr wir es versuchen, wir können nicht aus eigener Kraft zu Gott zurückkehren.

Zum Glück müssen wir das auch gar nicht. Denn in Jesus ist Gott zu uns gekommen.

Jesus war ein Mensch, geschaffen als Gottes Ebenbild. Aber er war so viel mehr als das. Er war Gott selbst – Gott, der Sohn, hier auf der Erde einer von uns.

Jesus war der eine Mensch, der in perfekter Weise so lebte, wie sich Gott das gedacht hatte– der eine Mensch, der *nicht* hinter Gottes perfekter Liebe zurückblieb. Doch die Pharisäer und Gesetzeslehrer hörten nicht gern, dass sie Jesu Hilfe brauchten. Deshalb ließen sie Jesus schließlich verhaften, an ein Kreuz nageln und töten.

Aber selbst das war Teil von Gottes Plan.

Wie ich bereits erwähnt habe, sagt die Bibel uns: »Wir alle verfehlen Gottes herrlichen Maßstab.« Aber das ist nur ein Teil der Botschaft.

Hier kommt der Rest:

> Denn alle haben gesündigt und die
> Herrlichkeit Gottes verloren. Doch
> werden sie ohne eigenes Zutun durch
> seine Gnade gerecht gesprochen. Das
> geschieht aufgrund der Erlösung,
> die in Jesus Christus Wirklichkeit
> geworden ist. (Römer 3,23–24)

Durch seinen Tod am Kreuz nahm Jesus die Schuld für all unser Versagen auf sich. Für all die Momente, in denen wir nicht so lieben, wie wir es tun sollten, und für all das Schlechte, das dadurch entsteht. Er hat den Preis bezahlt – die Strafe auf sich genommen –, die eigentlich unsere hätte sein sollen.

Und dann hat Jesus, indem er von den Toten ins Leben zurückkehrte, bewiesen, dass er wirklich alles Notwendige getan hat, um uns *ohne eigenes Zutun durch seine Gnade vor Gott wieder in Ordnung zu bringen.* Um uns wieder zu Hause willkommen zu heißen, weil wir so mit Gott wieder im Reinen sind.

Das bedeutet: Wenn wir auf Jesus vertrauen, können wir wieder in das überreiche ewige Leben eintreten, für das wir geschaffen wurden. Und das, obwohl wir die Zielscheibe vollkommener Liebe *verfehlen.* Denn Jesus hat das Ziel längst für uns erreicht.

Wer bist du also letzten Endes? Warum bist du wertvoll? Was ist die tiefe Wahrheit über dich?

Nun, erstmal die Tatsache, dass du Gottes kostbares Geschöpf bist. Du bist als sein Ebenbild für ein Leben in vollkommener Liebe zu Gott und zu anderen geschaffen worden. Du bist wertvoll, weil Gott es sagt. Es gibt nichts auf der Welt, das irgendjemand anderes sagen könnte, um daran etwas zu ändern.

Ebenso wahr ist jedoch die Tatsache, dass du die ganze Geschichte vermasselt hast. Genau wie ich. Genau wie jeder. Wir alle verfehlen das Ziel. Wir alle haben sowohl Gott als auch anderen Menschen gegenüber alles Mögliche falsch gemacht.

Doch hier endet die Geschichte nicht. Nicht, wenn du dich entscheidest, die Rettung anzunehmen, die Jesus dir geben will.

Wenn du auf Jesus vertraust, kannst du frei leben, weil du weißt, dass Jesus längst *all* deine Sünde, all das, wofür du dich schämst, dein Scheitern und deine Zerbrochenheit genommen und sie ans Kreuz genagelt hat.

Du kannst jetzt einfach all die sinnlosen Wege aufgeben, auf denen du versucht hast, deinen Wert zu beweisen. Denn du weißt: Deine tiefste, deine wahre Identität ist ein kostenloses Geschenk von Jesus. Du bist ein kostbares, geliebtes und erlöstes Kind Gottes. Keine Macht im Universum kann dir das jemals nehmen.

Was passiert in deinem Kopf, wenn du hörst: »Gott liebt dich.«

Machst du dir Sorgen, dass das nicht wahr sein könnte? Dass du es zu sehr vermasselt hast? Dass Gott vielleicht *Menschen allgemein* liebt, aber nicht wirklich *dich* lieben könnte? Hat jemand dir das Gefühl vermittelt, dass du außerhalb der Reichweite von Gottes Liebe stehst? Dass du irgendwie nicht gemeint sein könntest mit der Einladung Jesu?

Nun, dann liegt diese Person falsch.

Jesu Tod am Kreuz ist der Beweis: Ganz gleich, wer du auch bist, ganz gleich, was du auch getan hast – du bist geliebt, du bist willkommen, du bist mit seiner Einladung gemeint.

Andererseits gilt auch: Wenn du denkst, du bräuchtest Jesu Hilfe nicht – wenn du insgeheim denkst: »Klar, natürlich liebt Gott mich! Wer würde mich nicht lieben?« –, dann, so sagt Jesus, hast du es noch nicht begriffen.

Denn was das Kreuz uns noch im Hinblick auf Jesu Liebe und sein Rettungsangebot zeigt, ist: Jeder braucht dies.

Jesus ist nicht für dich gestorben, weil du ein halbwegs guter Mensch bist, der nur einen kleinen Vergebungsschubs braucht, um über die Ziellinie zu kommen. Er hat das getan, weil es die einzige Möglichkeit war, dich zu Gott nach Hause zu bringen.

Jesus kam und starb für dich, weil er dich so lieb hat, so sehr, dass nicht einmal sein Tod ein zu hoher Preis war, um dich wieder in seiner Familie willkommen zu heißen.

Ohne Jesus ist *jeder* verloren.

Aber mit Jesus kann *jeder* gefunden werden.

Und je mehr du Gottes unerschütterlicher Liebe zu dir vertraust – dieser vollkommenen Gnade, die deine tiefsten, dunkelsten, kaputtesten Seiten völlig durchschaut und dich *trotzdem* kostbar und geliebt nennt –, desto freier wirst du, um der zu werden, der du wirklich bist.

8 Was ändert sich *mit* Gott?

Vor Kurzem las ich von einer Frau, die einen neuen Job bei einer Bank bekam. Sie war begeistert, dass sie lernen würde, wie man Falschgeld erkennt – wie man die Anzeichen dafür entdeckt, dass das, was zunächst wie eine echte Banknote aussieht, in Wirklichkeit nur eine clevere Fälschung ist.

Sie malte sich bereits eine Hightech-Ausrüstung und eindrucksvolle Trainingseinheiten auf Geheimagentenniveau aus. Als sie ankam, händigte ihr Ausbilder ihr jedoch lediglich einen Stapel echter Banknoten aus und forderte sie auf, sie zu zählen. Und sie dann nochmal zu zählen. Und sie nochmal zu zählen. Und wieder und wieder und wieder zu zählen.

Warum? Weil sich herausgestellt hat: Die beste Art, Falschgeld zu erkennen, besteht darin, *wirklich* zu lernen, wie sich echtes Geld anfühlt. Die beste Art, die Fälschungen zu entdecken, besteht darin, so vertraut wie möglich mit dem Original zu sein.

Dasselbe gilt auch im Hinblick darauf, wie du mehr über deine Identität herausfinden kannst. Je mehr du dich auf deine wahre Identität fokussierst – darauf, wie

Gott dich sieht –, desto weniger können dich die Meinungen anderer Leute aus der Bahn werfen.

Auf den Gedanken kommen wir gleich nochmal zurück. Aber erinnerst du dich noch daran, wie wir über die Vorstellung sprachen, dass Gott dreieinig ist? Wirf mal einen Blick auf die folgende Begebenheit aus der Biografie Jesu, wie Lukas sie schildert. Dort erhaschen wir einen flüchtigen Blick auf die Beziehung zwischen Gott, dem Vater, Gott, dem Sohn, und Gott, dem Heiligen Geist:

> Zusammen mit den vielen Menschen hatte auch Jesus sich taufen lassen. Als er danach betete, riss der Himmel auf, und der Heilige Geist kam sichtbar auf ihn herab, anzusehen wie eine Taube. Und aus dem Himmel sprach eine Stimme: »Du bist mein geliebter Sohn. An dir habe ich Freude!« (Lukas 3,21–22)

An diesem Punkt in seinem Leben bereitet sich Jesus darauf vor, für drei Jahre in die Öffentlichkeit zu treten, nachdem er die ersten dreißig Jahre seines Lebens aufgewachsen war wie so ziemlich jeder andere Mensch auch. Er würde nun drei Jahre lang herumreisen und die frohe Botschaft verkünden, dass Gott in ihm gekommen war, um sein Volk zu retten.

Im Laufe der nächsten drei Jahre würde Jesus *permanent* von Menschen umgeben sein, die ihm sagen würden, wer er sei und was er sein sollte. Er würde geliebt und gehasst, gelobt und gemobbt, aus Versehen und absichtlich missverstanden werden. *Jeder* würde eine eigene Meinung zu seiner Identität haben.

Doch genau hier, bevor all das auf ihn einprasselte, schenkte Gott, der Vater, Jesus diese starke Bestätigung dafür, wer er wirklich war: »Du bist mein kostbarer Sohn. Ich liebe dich. Ich freue mich so sehr an dir.«

Direkt im nächsten Kapitel lesen wir folgende Worte:

> Vom Heiligen Geist erfüllt, verließ Jesus den Jordan und ging in die Wüste. Der Geist hatte ihn dazu gedrängt. Vierzig Tage blieb er dort und wurde vom Teufel versucht. Während der ganzen Zeit hatte er nichts gegessen, so dass er am Ende sehr hungrig war. (Lukas 4,1–2)

Bevor er loszog, um sein öffentliches Leben zu beginnen, verbrachte Jesus fast sechs Wochen in der Wüste ohne jede Nahrung. Dabei ging es jedoch nicht um irgendeine merkwürdige Ausdauerprüfung. Jesus nahm sich hier bewusst die Zeit, um mit seinem Vater allein zu sein – fern von all den anderen Stimmen. Er fokussierte sich auf die Wahrheit darüber, wer er war, und richtete sich noch einmal neu darauf aus: »Du bist mein kostbarer Sohn. Ich liebe dich. Ich freue mich so sehr an dir.«

Während Jesus da draußen in der Wüste war, trat ihm ein alter Feind Gottes entgegen – der, den Lukas den »Teufel« nennt. Und die ersten Worte aus dem Mund dieses Feindes lauteten: »Wenn du Gottes Sohn bist, dann befiehl diesem Stein hier, dass er zu Brot werde« (V. 3).

Wenn du Gottes Sohn bist.

Wenn du es bist.

Das war ein direkter Angriff auf das, was Gott, der Vater, über Jesu Identität gesagt hatte: »Bist du wirklich der, von dem Gott sagt, dass du es bist? Bist du dir sicher, dass du ihm vertrauen kannst?«

Zu diesem Zeitpunkt muss Jesus hungrig, schmutzig und müde von seinem Aufenthalt in der Wüste gewesen sein. Deshalb habe ich diese Begebenheit früher immer so gelesen, als hätte Gottes Feind Jesus im Moment seiner größten Schwäche attackiert.

In letzter Zeit habe ich mich allerdings gefragt, ob ich das nicht verkehrt herum gelesen habe.

Sicher, Jesus war hungrig, schmutzig und müde – aber was hatte er auf der anderen Seite die ganze Zeit in der Wüste getan?

Er hatte sich auf seine wahre, gottgegebene Identität fokussiert und sich neu darauf ausgerichtet. Er hatte Tag für Tag mit den Worten seines Vaters verbracht, die noch in seinem Ohr nachklangen und tief in sein Herz drangen:

»Du bist mein kostbarer Sohn. Ich liebe dich. Ich freue mich so sehr an dir.«

Als dann dieser Feind Gottes die Bildfläche betrat und anfing, Jesu Identität infrage zu stellen, zu fordern, dass Jesus sich beweisen soll und versuchte, Jesus von seinem

Vater wegzulocken – da hatte er keine Chance gegen Jesus. Warum?

Weil in den tiefsten Tiefen seiner Seele *Jesus wusste, wer er war.*

Als der Feind versuchte, ihn mit einer Lüge aus der Bahn zu werfen, schlug Jesus mit der Wahrheit zurück. Er zitierte direkt aus der hebräischen Bibel:

> Aber Jesus antwortete: »Nein, in der Schrift steht: ›Der Mensch lebt nicht nur von Brot, sondern von jedem Wort, das aus Gottes Mund kommt.‹« (Matthäus 4,4)

Jesus würde sich nicht von den Meinungen anderer Menschen über seine Person aus dem Tritt bringen lassen. Er würde der Lüge keinen Glauben schenken, dass Gott, sein Vater, ihn nicht wirklich liebt. Er wusste: Gott, nicht das Brot, bringt Menschen wirklich Leben.

Es ist ein bisschen wie bei der Frau mit den Banknoten. Jesus war mit seiner echten und wahren Identität so vertraut – mit dem, was *Gott* darüber sagte, wer er sei –, dass er, als jemand versuchte, ihn mit einer unechten Version auf die falsche Fährte zu locken, die Fälschung sofort erkannte.

Und aus diesem tiefen Vertrauen zu Gott, seinem Vater, heraus führte Jesus ein Leben voller Frieden, Freude, Zuversicht und vor allem der Liebe zu Gott und den anderen. Sogar im Angesicht von Leid, Missverständnis und Ablehnung.

Jetzt will er dir dabei helfen, es genauso zu tun.

Die Welt ist voller Stimmen, die dir sagen, wer du bist und wer du sein sollst.

Stimmen, die dir sagen, du genügst den Ansprüchen nicht.

Stimmen, die dir sagen, du musst dich beweisen.

Stimmen, die dir sagen, wenn du nur diesen neuen Gegenstand kaufst oder diese neue Erfahrung machst oder zu dieser neuen Option wechselst, dir den richtigen Job angelst, die richtige Person findest, so und so viele Kilos verlierst, härter arbeitest, besser abschneidest, *dann* vielleicht wird alles Sinn ergeben. Vielleicht kannst du *dann* endlich diese glückliche, erfüllte Version deiner selbst sein, die dir die Welt ständig verspricht.

Und das ist *ermüdend,* oder?

Mehr als das: Es ist eine *Lüge.*

Die unglaubliche Nachricht ist jedoch, dass Jesus dir einen viel besseren Weg anbietet.

Er bietet dir an, dich aus diesem ständigen Kreislauf von Angst und Zweifel herauszuführen und in das Leben, für das du geschaffen wurdest, hineinzuführen. Dir zu helfen, die falschen Behauptungen der anderen Stimmen zurückzuweisen und das Original zu ergreifen.

All das beginnt allerdings damit, dass du das aussichtslose Projekt, dir deine eigene Identität zusammenzubasteln aufgeben musst. Es fängt damit an, dass du dich Gott zuwendest und das kostenlose Geschenk seiner Gnade annimmst, das Jesus dir ermöglichte, indem er für dich starb.

Anfangs mag das vielleicht irgendwie verkehrt herum erscheinen – echte Freiheit finden, indem man sich von jemand anderem leiten lässt. Aber Jesus beharrt darauf, dass es wahr ist:

> »[…] Wer sein Leben festhalten will, wird es verlieren. Wer sein Leben aber meinetwegen verliert, der wird es finden. […]« (Matthäus 10,39)

Die Wahrheit ist: Auf der anderen Seite des Schrittes, dein Vertrauen auf Jesus zu setzen, wartet das *Leben*.

Es bedeutet Freiheit, wenn du weißt, dass es nichts mehr zu tun und nichts mehr zu beweisen gibt – weil Jesus das alles schon *für* dich getan hat.

Und in dem Wissen darum, wer du wirklich bist, liegt ebenfalls Freiheit. Ich spreche von dem Wissen, dass Gott in Jesus dasselbe über dich sagt, was er über seinen eigenen Sohn sagt:

»Du bist mein kostbares Kind. Ich liebe dich. Ich freue mich so sehr an dir.«

9 Dem Weg Jesu folgen

Wenn du aufhörst zu versuchen, deine eigene Identität zu konstruieren, und anfängst der Wahrheit zu glauben, die Gott über dich sagt, wird sich das möglicherweise im ersten Moment gar nicht so anfühlen, als hätte sich groß etwas verändert. Tatsache ist jedoch, dass Jesus nachzufolgen die Kraft hat, dein ganzes Leben zu verwandeln!

Gott verspricht nämlich: Wenn du Jesus glaubst – wenn du darauf vertraust, dass er das Ziel vollkommener Liebe bereits für dich erreicht hat –, dann wirst du seinen Heiligen Geist empfangen. Der Heilige Geist hat durch seine mächtige Kraft Jesus von den Toten wieder zum Leben erweckt. Dieser Heilige Geist wird sich auch in deinem Leben ans Werk machen und dir dabei helfen, zu einem Menschen zu werden, der die großartige Bestimmung, die Gott für dich hat, mehr und mehr auslebt (Johannes 14,26; Epheser 1,18–20).

Das bedeutet nicht, dass du über Nacht vollkommen wirst. Es bedeutet jedoch Folgendes: Tag für Tag, Augenblick für Augenblick, durch alle Höhen und Tiefen des Lebens wird Gott dich umgestalten, sodass du mehr so wirst wie Jesus. Er wird deinem Leben immer mehr Liebe,

Freude, Frieden und Freiheit schenken – also genau die Dinge, nach denen wir eigentlich alle suchen (2. Korinther 3,17–18; Galater 5,22–23).

Diese Veränderung beginnt in dem Augenblick, in dem du dein Vertrauen auf Jesus setzt. Zum Ziel kommt sie aber erst dann, wenn Jesus wiederkommt, um unsere gebrochene Welt zu heilen. Wenn er seine Menschen im ewigen Leben bei sich willkommen heißt (Philipper 1,6; Offenbarung 21,1–5). In der Zwischenzeit, so verspricht Gott, kann dich nichts im Universum von seiner Liebe zu dir trennen (Römer 8,38–39; Epheser 3,16–19).

Das sind unglaubliche Versprechen – und der Tod und die Auferstehung Jesu sind der felsenfeste Beweis dafür, dass sie absolut vertrauenswürdig und wahr sind.

Die Sache ist allerdings die: Es *fühlt* sich nicht immer wahr an.

Mitten in unserem Alltag kann es sich manchmal so anfühlen, als würde es gar keinen *wirklichen* Unterschied machen, Jesus nachzufolgen.

Wie können wir uns von diesem Gefühl losreißen? Wie können wir tatsächlich diese Verwandlung *erfahren*, die Jesus uns verheißt? Wie können wir diese Dinge so praktizieren, dass diese Wahrheit unser Herz erreicht und unser Alltagsleben verändert?

Stell dir einen Entdecker vor, der sich einen Pfad durch den Dschungel bahnt.

Das erste Mal, wenn er den Pfad entlanggeht, wird das wirklich harte Arbeit sein. Er muss all die Ranken und Zweige aus dem Weg schlagen.

Aber wenn er am nächsten Tag denselben Weg noch einmal entlangläuft, wird es schon ein bisschen leichter sein, weil ein Teil der Arbeit bereits getan ist.

Und am nächsten Tag wird es noch ein bisschen leichter.

Jedes Mal, wenn der Entdecker wieder denselben Pfad einschlägt, wird es schneller und leichter gehen als das Mal zuvor. Bis das, was einst ein schweißtreibender, ermüdender Marsch war, irgendwann so mühelos sein wird wie einfach die Straßen entlangzulaufen.

Und so funktioniert auch unser Gehirn, wie Wissenschaftler herausgefunden haben.

Sie nennen das »Neuroplastizität«. Die grundlegende Vorstellung dahinter ist folgende: Je häufiger dein Gehirn ein Denkmuster wiederholt, desto leichter und natürlicher wird es für dein Gehirn, dasselbe Gedankenmuster beim nächsten Mal zu wiederholen.

Das erklärt auch, warum unsere Gewohnheiten so viel Macht über uns haben.

Tag für Tag, mit jeder Wiederholung verändern deine Gewohnheiten buchstäblich dein Gehirn. Ob das gute oder schlechte Nachrichten sind, hängt von der Gewohnheit ab.

Je mehr du dich mit anderen Menschen in den sozialen Medien vergleichst, desto mehr wirst du die *Art von Person,* deren Identität von sozialen Medien geprägt wird.

Je mehr du andererseits nach Gelegenheiten Ausschau hältst, großzügig zu sein, desto mehr wirst du die *Art von Person,* die ganz natürlich großzügig ist.

So oder so – deine Gewohnheiten verändern dich.

Was tust du als Allererstes, wenn du morgens aufstehst?

Ich schätze, viele von euch würden antworten: »Aufs Handy schauen.«

So etwas gewöhnt man sich schnell an. Aber es ist auch eine *schreckliche* Art, in den Tag zu starten.

Nicht dass unsere Handys grundsätzlich schlecht wären. Aber überleg mal, was du in dem Moment tust, in dem du deine Benachrichtigungen anschaust oder anfängst, durch die sozialen Medien zu scrollen. Du klinkst dich in einen endlosen Strom von Meinungen und Vorstellungen *anderer* Menschen ein.

Das heißt: Wenn du deinen Tag mit einem Smartphone beginnst, gibst du damit deine Freiheit auf, selbst zu entscheiden, mit welchen Gedanken und Prioritäten du in deinen Tag startest.

Du überlässt dem Internet die Entscheidung für dich.

Vielleicht entspricht dir das auch gar nicht. Vielleicht schaust du nicht zuerst aufs Handy, wenn du aufwachst. Stattdessen startest du direkt in den Tag – duschen, frühstücken, anziehen und raus aus der Wohnung.

Doch egal, ob wir unseren Tag mit Ablenkung oder Hektik beginnen, das Ergebnis ist dasselbe: Bevor wir es überhaupt merken, stecken wir tief in unserem Alltag, ohne auch nur einen Gedanken an Gott verschwendet zu haben.

Deshalb frage ich mich: Wenn Gott uns fern und nur halb real vorkommt – was wäre, wenn das nicht daran liegt, dass *er* sich nicht blicken lässt?

Was, wenn es daran liegt, dass *wir* uns nicht blicken lassen?

Die Bibel berichtet uns, dass Jesus ganz andere Gewohnheiten hatte:

> Früh am Morgen, als es noch völlig dunkel war, stand er auf und ging aus dem Haus fort an eine einsame Stelle, um dort zu beten. (Markus 1,35)

Erinnerst du dich an die vierzig Tage, die Jesus in der Wüste verbrachte? Das war keine einmalige Geschichte. In der Bibel wird berichtet, dass Jesus sich *oft* allein an einen einsamen Ort zurückzog, um zu beten (Lukas 5,16). Er hatte die Gewohnheit, sich kurze Zeiten zu nehmen, in denen er seine Aufmerksamkeit ganz auf Gott, seinen Vater, ausrichtete, um mit ihm zu reden und sich von *ihm* die Richtung für den Tag vorgeben zu lassen.

Wenn du weiter in der Bibel über Jesus liest, wird dir auch folgende Sache auffallen: Er kannte seine Bibel – das, was wir heute als Altes Testament bezeichnen – von vorne bis hinten.

Und wieder: Als Jesus damals in der Wüste die Bibel zitierte, um sich gegen Gottes Feind zu wehren, war das keine einmalige Sache. In allen Beschreibungen von Jesu Leben wiederholt sich immer dasselbe Muster: Egal, in welcher Situation er sich befand, Jesus hatte immer irgendeine Weisheit aus der Bibel, die ihn in dem leitete, was er sagte und tat.

»Klar, natürlich konnte *er* das machen«, sagst du vielleicht, »Jesus ist schließlich *Gott.*«

Und das stimmt – aber er ist zugleich auch völlig Mensch. Und während seines menschlichen Lebens auf der Erde lernte Jesus die Bibel auf dieselbe Art kennen wie jeder andere auch: indem er sich viel Zeit nahm, sie selbst zu lesen oder anzuhören, wie andere sie vorlasen.

Eine dritte Gewohnheit Jesu war, in der Gemeinschaft mit anderen zu leben.

So hatte er die Gewohnheit, regelmäßig zur Synagoge zu gehen (dort versammelten sich die Leute, um Gott anzubeten). Er lebte sein Leben in enger Freundschaft mit seinen Jüngern. Und er verbrachte so viel Zeit auf Dinnerpartys, dass er sich den Ruf eines Partymenschen einhandelte (Matthäus 11,19).

Denk dran: Gottes Ebenbild widerzuspiegeln ist etwas, das wir *gemeinsam* tun sollen. Es ist daher nur logisch, dass Jesus dies auch so tat.

Bete.

Lies die Bibel.

Verbringe Zeit mit anderen, die Jesus nachfolgen.

Fokussiere deine Aufmerksamkeit auf Gott.

Wie du siehst, sind das alles keine völlig neuen Ideen. Aber genau das ist der Punkt. Wir brauchen keinen Haufen neuer Ideen. Wir müssen einfach nur die alten wirklich umsetzen. Nicht, um uns Gottes Liebe, seine Vergebung oder Anerkennung zu *verdienen*. Diese Dinge gehören uns längst, und zwar als ein kostenloses Geschenk durch den Glauben an Jesus.

Aber wenn wir Jesu Gewohnheiten nachahmen, wird Gottes Geist sie benutzen, um unser Herz und unser Denken zu verwandeln.

Denk deshalb über Folgendes nach: Was könnte der beste nächste Schritt für dich sein, mit dem du diese Gewohnheiten zu einer Regelmäßigkeit in deinem Leben machst?

Ich will ehrlich mit dir sein. Ich bin in keinem dieser Punkte besonders gut.

Und aus eigener Erfahrung kann ich dir sagen: Wenn du anfängst, diese Dinge ernst zu nehmen, wird sich das zunächst merkwürdig, ungewohnt und etwas aufgesetzt anfühlen – ein bisschen, wie wenn man sich erst einen Pfad durch den Dschungel bahnen muss.

Aber ich habe auch gelernt, dass diese Gewohnheiten umso leichter und lebensverändernder werden, je häufiger ich sie wiederhole.

Nur als Beispiel will ich dir zeigen, wie das Ganze bei mir aussieht.

Jeden Morgen (na gut, zumindest *meistens*) versuche ich, zwanzig Minuten früher aufzustehen, als ich unbedingt muss. Bevor ich irgendetwas anderes tue, bevor ich auf mein Handy schaue, bevor ich mir Sorgen um alles Mögliche mache, was ich noch erledigen muss, frühstücke ich etwas und für ein paar Augenblicke – schaue ich einfach nur aus dem Fenster.

Ich bete. Ich lese ein bisschen in der Bibel. Ich hole mein Tagebuch heraus und notiere ein paar Dinge, für die ich dankbar bin. Im Grunde versuche ich, so weit wie möglich Gott die Agenda für meinen Tag festlegen zu lassen, bevor ich all die anderen Stimmen hereinlasse.

Aber dann fängt der Tag natürlich an. Ich werde in die Hektik des Lebens hineingesogen und meistens driftet mein Fokus wieder weg von Gott.

Daher besteht mein nächster Baustein darin, Gott einfach, so oft es mir im Laufe des Tages einfällt, darum zu bitten, meinen Fokus wieder auf ihn zu lenken. Ich bitte ihn, mich immer wieder an seine Liebe zu erinnern und mir immer neu zu zeigen, wo ich diese Liebe den Menschen um mich herum weitergeben kann.

Und natürlich hat Gott nie vorgesehen, dass wir auf dieser Reise allein unterwegs sind. Wir brauchen andere Menschen, die uns ermutigen und uns motivieren, weiterzumachen (Hebräer 10,23–25). Aus diesem Grund gehe ich jeden Sonntag in eine Gemeinde. Und ich habe Freunde in dieser Gemeinde, mit denen ich unter der Woche viel rede, bete und Zeit verbringe.

Wie gesagt, ich bin kein Experte.

Es gibt hier auch keine Zauberformel. Und bislang auch keine Stimme aus den Wolken oder so.

Die Hälfte der Zeit hat man nicht den Eindruck, als würde überhaupt etwas passieren.

Aber je mehr ich mit Gott durch jeden Tag gehe, desto mehr kann ich sehen, wie Gottes Geist mich in die *Art von Person* verwandelt, die mit Gott durch jeden Tag geht.

Und Stück für Stück erkenne ich mehr – nicht nur als Idee, sondern als reale Lebenserfahrung: Das Leben, das Jesus uns schenkt, ist wirklich das beste, freieste und großartigste Leben, das es gibt.

10

In der Liebe Jesu Ruhe finden

Bevor ich dieses Buch abschließe, gibt es noch eine weitere Gewohnheit aus dem Leben Jesu, die ich mit dir teilen möchte. Ich habe sie bis zum Schluss aufgehoben – zum Teil, weil sie mein absoluter Favorit ist, aber vor allem, weil ich zu folgender Überzeugung gelangt bin: Je mehr wir *diese* Gewohnheit einüben, desto besser werden wir darin werden, all die anderen zu praktizieren.

Welche unglaubliche Aktivität meine ich also – welche mächtige Gewohnheit, die dir dabei helfen wird, in engerer Verbindung zu Gott und mehr im Einklang mit deiner eigenen, wahren Identität zu leben?

Nun, sie ist ziemlich einfach.

Du musst nur – aufhören.

Erinnerst du dich noch damals an den Berg, wo Gott Israel diese Liste mit Regeln gab, um den Leuten zu zeigen, wie sie als sein Volk leben sollten?

Eine dieser Regeln betraf den sogenannten Sabbat: einen Tag in der Woche, an dem *jeder* vierundzwanzig Stunden lang mit aller Arbeit aufhören musste, um sich auszuruhen, zu feiern und sich an Gott zu erinnern (5. Mose 5,12–15).

Es wirkt vielleicht seltsam, dass Gott seinem Volk so etwas *befahl*. Aber diese Vorschrift ist absolut sinnvoll, wenn man darüber nachdenkt, wer diese Menschen waren.

Denk dran: Gottes Volk hatte gerade vierhundert Jahre Sklaverei hinter sich. Jahrhundertelang hatte man diesen Menschen gesagt, dass ihr Wert und ihre Würde völlig auf dem beruht, was sie *produzieren*, *leisten* und *tun* konnten.

Einer der Gründe, warum Gott seinem Volk den Sabbat gab, war daher folgender: Er sollte als wöchentliche Erinnerung daran dienen, dass sie so viel mehr als das waren. Ihr Wert hing nicht von dem ab, was sie *taten*, sondern davon, wer sie *waren*: Gottes kostbare, befreite, von Herzen geliebte Kinder.

Gott wollte, dass sein Volk lange genug stillhält, um sich wieder an seine wahre Identität zu erinnern. Als ehemalige Sklaven war das eine Botschaft, die sie dringend hören mussten.

Und ich glaube nicht, dass es nur ihnen so ging.

Vor einer Weile unterrichtete ich gerade eine Gruppe meiner Fünftklässler über diese Gewohnheiten aus dem Leben Jesu. Wir hatten eine fantastische Lektion zur Dankbarkeit. Wir machten eine dreiwöchige Gebetsreihe, an der einige von ihnen sich beteiligten. Wir hatten ein paar großartige Gespräche zum Thema Bibellesen, Gemeinschaft und ein großzügiger Lebensstil.

Alles lief prima, bis wir zu der Lektion zum Thema Ruhe kamen.

Sobald ich anfing, über die Idee zu sprechen, sich jede Woche einen Tag zu nehmen, um innezuhalten und wieder mit Gott in Verbindung zu treten, herrschte eine seltsame, unangenehme Stille im Klassenzimmer.

Irgendwann meldete sich ein Mädchen und sagte, was alle dachten:

»Herr Morphew, ich glaube nicht, dass das wirklich realistisch ist. Wir *können* uns nicht einen Tag freinehmen. Wir haben keine Zeit.«

Ich frage mich, ob du das Gefühl nachempfinden kannst.

Wir leben in einer der hektischsten Kulturen, die die Welt je gesehen hat. Schon während wir aufwachsen, wird uns ständig gesagt, dass wir hart arbeiten und das Beste aus jeder Gelegenheit herausholen müssen, um im Leben erfolgreich zu sein.

Wir stehen unter einem enormen Druck, immer *weiterzumachen:* Schule, Arbeit, Sport, Hobbys und Familienverpflichtungen, gesellschaftliche Verpflichtungen und Aufgaben im Haushalt, die erledigt werden müssen …

Und selbst wenn gerade nichts ansteht, sorgen unser Handy und andere Geräte oftmals dafür, dass wir *trotzdem* immer weitermachen. Es gibt immer einen neuen Post zu liken, eine neue Nachricht zu beantworten, eine neue Sendung zu schauen. Das bedeutet: Selbst wenn wir »ausruhen«, ruhen wir nicht wirklich. Unser Leben bleibt trotzdem voller Hektik.

Jesus lädt uns zu einem besseren Lebensstil ein. Durch den Sabbat lädt er uns dazu ein, uns regelmäßig eine Auszeit von unserem endlosen Tun zu nehmen und zu lernen, in dem zu ruhen, was er bereits *für* uns getan hat.

(Und falls du das Gefühl hast, du *kannst* dir keine Auszeit nehmen, um zu ruhen, so ist das möglicherweise das größte Indiz überhaupt dafür, dass du es dringend tun solltest.)

Möglicherweise erfordert es ein paar Verhandlungen mit deiner Familie und einige Veränderungen in deinem Zeitplan, um sicherzustellen, dass du trotzdem all die Dinge tust, die du wirklich tun *musst*. Und, okay, vielleicht *kannst* du dir gerade wirklich keinen ganzen Tag freinehmen. Vielleicht kannst du aber einen Nachmittag finden. Vielleicht kannst du nur eine Stunde finden.

Na gut. Wunderbar. Dann fang damit an.

Der Schlüssel ist, dir regelmäßig bewusst etwas Zeit zu nehmen, um innezuhalten, deine Aufmerksamkeit auf Gott zu richten und dich von ihm an die Wahrheit darüber erinnern zu lassen, wer du wirklich bist.

Okay. Aber was genau *machst* du dabei?

Nun, offensichtlich wird diese Gewohnheit bei jedem etwas anders aussehen. Aber so sieht sie bei mir aus:

Samstags arbeite ich gar nicht. Keine Schulvorbereitung für die nächste Woche. Keine Arbeit an meinem nächsten Buch. Kein Bügeln, Staubsaugen oder Aufräumen.

Ich höre einfach auf. Ruhe. Bete. Lese. Gehe spazieren. Manchmal schaue ich einen Film oder so, aber insgesamt versuche ich, nicht unendlich viel Zeit vor Bildschirmen zu verbringen. Ich esse gutes Essen. Ich verbringe Zeit mit meinen Freunden und meiner Familie. Ich tue die Dinge, die mich innerlich auftanken lassen.

Und dabei reduziere ich mein Tempo genug, um all die Empfindungen wahrzunehmen, für die ich unter der Woche keine Zeit hatte. Um all die Gedanken zu verarbeiten, für die ich auch keine Zeit hatte.

Ich lasse mich von Gott an alles erinnern, was ich bisher in diesem Buch gesagt habe: dass ich, selbst wenn ich mit all meiner Arbeit und all den anderen Dingen aufhöre, durch die ich mich zu beweisen versuche, *immer noch wertvoll bin*. Einfach, weil Gott es sagt. Mein wahrer Wert, meine Bedeutung, meine Bestimmung und meine Identität sind freie Geschenke von Gott.

Dasselbe gilt auch für dich.

Je mehr du lernst, darin zu ruhen, wer du in Gottes Augen bist, desto mehr wird das alles andere verändern.

Du wirst in der Lage sein, das Geld, die Gegenstände und Erfahrungen zu genießen, die Gott dir über den Weg schickt, ohne von irgendetwas *besessen* zu werden. Weil du weißt: Es ist alles ein Geschenk von Gott und nichts davon ist auch nur ein Prozent so viel wert wie das ewige Leben, zu dem er dich eingeladen hat.

Du wirst frei sein, großzügig mit dem umzugehen, was du hast, weil du weißt, dass Gott sich immer um dich kümmern wird.

Du wirst in der Lage sein, deine Erfolge zu genießen, ohne selbstsüchtig zu werden. Und du wirst fähig werden, dich über die Erfolge *anderer Menschen* ebenso aufrichtig zu freuen wie über deine eigenen, weil du weißt: Das Leben ist kein Wettbewerb.

Selbst wenn du *scheiterst*, ist auch das okay. Denn deine wahre Identität beruhte ohnehin nie auf irgendeinem dieser Dinge.

Du wirst in der Lage sein, ein Leben voller Liebe und Frieden, voller Großzügigkeit und Güte zu führen – nicht um dir Gottes Liebe zu verdienen oder sie zu sichern, sondern aus der tiefen Freiheit, Sicherheit und dem Frieden heraus, weil du weißt, dass dir *seine Liebe längst sicher ist.*

Eine der eindrücklichsten Erinnerungen meines Lebens war mein Besuch im Krankenhaus an dem Tag, als meine Nichte geboren wurde.

Ich erinnere mich noch daran, wie ich die kleine Hattie zum allerersten Mal hochhob und diese winzige Person in meinen Armen hielt. Ich war einfach *völlig überwältigt* von Liebe.

Ich erinnere mich noch daran, wie ich dachte: »Wie ist das möglich? Ich habe dich doch gerade erst kennengelernt! Wie um alles in der Welt kann ich dich schon *so sehr* lieb haben?«

Ich hatte noch nie zuvor irgendetwas Vergleichbares empfunden.

Und das ist hier das Entscheidende: Hattie konnte überhaupt nichts *tun*. Wie jedes Neugeborene konnte sie nicht einmal ihren Blick fokussieren oder ihren eigenen

Kopf hochhalten. Als sie mich ansah, sah sie nur meine verschwommenen Umrisse.

Wirklich, Hattie brachte der Welt keinen großen Mehrwert außer schmutzigen Windeln und Geschrei.

Aber ungeachtet all dessen wollte ich *die ganze Zeit* bei ihr sein.

Bis heute.

Sie braucht dafür nichts zu tun.

Sie braucht nichts zu beweisen.

Sie wird zutiefst, völlig und bedingungslos geliebt. Und sie muss absolut nichts tun, um das zu verdienen.

Ich frage mich, was sich in deinem Leben ändern könnte, wenn du bis in dein tiefstes Innerstes aufsaugen würdest, dass Gott in Jesus ganz genau dasselbe über *dich* denkt.

Was könnte sich verändern, wenn du dich wirklich darauf einlassen würdest, dass der Gott, der dich geschaffen hat, dich bis in deine finstersten Abgründe hinein kennt und sich trotzdem völlig auf dich einlassen will?

Was könnte sich verändern, wenn du wirklich verstündest, dass es *nichts* mehr zu beweisen gibt?

Könntest du dann ein bisschen aufatmen?

Zum Schluss will ich dir folgende Einladung von Jesus mitgeben:

> Kommt alle zu mir, die ihr geplagt und mit Lasten beschwert seid! Bei mir erholt ihr euch. Unterstellt euch mir und lernt von mir! Denn ich bin freundlich

> und von Herzen zum Dienen bereit.
> Dann kommt Ruhe in euer Leben. Denn
> mein Joch trägt sich gut und meine
> Last ist leicht. (Matthäus 11,28–30)

Mein Gebet für dich ist, dass du, wenn du dieses Buch jetzt beendest, dir von Jesus dienen lässt, damit du seine Freundlichkeit erfährst und damit Ruhe in dein Leben kommt – dass du darauf vertraust, dass er dir zeigen wird, wer du in Wahrheit bist, und er dir so das erfüllte Leben geben kann, für das er dich geschaffen hat.

Ich wünsche dir, dass du tief in deinem Inneren erkennst, dass du nichts mehr leisten, beweisen oder erreichen musst. Weil das Leben ein Geschenk ist. Und du wertvoll bist, weil Gott das sagt.

Ich wünsche dir, dass du jeden Tag mit Jesus lebst. Und du in ihm die wahre Freude, den wahren Frieden und die Ruhe findest, nach der du die ganze Zeit gesucht hast.

Literaturhinweise

Ein weiser Mensch hat mir irgendwann einmal gesagt, Kreativität bedeute lediglich, zu vergessen, von wem man seine Ideen geklaut hat. Ironischerweise habe ich inzwischen vergessen, wer diese Person war.

Wie für alles, was ich schreibe (und, wie ich schätze, nahezu alles, was insgesamt über diese großen Fragen des Lebens und Glaubens geschrieben wird), stammen die hilfreichsten und tiefgründigsten Ideen in diesem Buch nicht von mir selbst. Sie wurden mir ursprünglich von anderen Menschen nahegebracht. Daher will ich nicht vergessen, von wem ich sie gestohlen habe, sondern bestmöglich versuchen, denen Anerkennung dafür zu zollen, denen sie gebührt.

Timothy Kellers Buch *Es ist nicht alles Gott, was glänzt* war unglaublich hilfreich für mich, während ich das zweite Kapitel dieses Buches schrieb. Keller war außerdem derjenige, der mich auf die Idee hinwies, dass unser zukünftiges Ich *immer* auf unser gegenwärtiges Ich zurückschauen und einen Haufen Punkte sehen wird, in denen wir nicht so weise waren, wie wir damals dachten.

Die Beobachtung, wie drastisch die sozialen Medien die Anzahl von Menschen gesteigert hat, mit denen wir uns vergleichen können, las ich zum ersten Mal in *Ten-Ager* von Madonna King.

Die Idee, dass unter all den Dingen, die im Hinblick auf uns wahr sind, unsere Identität in Gott das Allerwahrste ist, habe ich von *The Truest Thing About You* von David Lomas geborgt.

Die Geschichte von der Frau, die lernte, Falschgeld zu erkennen, las ich in *Mutiger als du denkst: 100 MUTivationen für dein Leben* von Annie F. Downs.

Das Buch *Das Ende der Rastlosigkeit: Mach Schluss mit allem, was dich hetzt – und komm bei Gott an* von John Mark Comer ist eine absolute Schatzkiste. Comer war derjenige, der mir klargemacht hat, dass die Wüste für Jesus ein Ort der Stärke und nicht der Schwäche war. Er half mir außerdem, die Implikationen von Neuroplastizität für unsere geistliche Entwicklung zu erkennen. Seine Lehre zum Thema Ruhe war äußerst hilfreich bei der Zusammenstellung des letzten Kapitels in diesem Buch. Dasselbe gilt für *Beautiful Resistance* von Jon Tyson.

Weitere hilfreiche Bücher, die ich bei der Vorbereitung dieses Buches gelesen habe, sind: *The Gift of Being Yourself* von David G. Benner, *Spacemaker* von Daniel Sih, *Glauben wozu? Religion im Zeitalter der Skepsis* von Timothy Keller, *Adorning the Dark* von Andrew Peterson, *Embodied* von Preston Sprinkle und *Der Siegeszug des modernen Selbst: Kulturelle Amnesie, expressiver Individualismus und der Weg zur sexuellen Revolution* von Carl Trueman.

Danke

Mein Dank gebührt Rachel Jones für ihr scharfsinniges und geduldiges Lektorat und dem gesamten Team bei *TGBC* dafür, dass sie sich alle so hinter diese Buchreihe gestellt und ihr dabei geholfen haben, so gut wie möglich zu werden.

Ein riesiges Dankeschön geht auch an Alannah, Fiona, Mirabelle, Sienna, Tyler, Hannah, Micah und Corlette, die dieses Buch als Allererste gelesen haben.

Mein Dank gilt auch den Mitarbeitern, Schülern und Familien der *PLC Sydney*. Eines der großen Privilegien meines Lebens ist es, die frohe Botschaft von Jesus jede Woche mit euch zu teilen.

Danke, Mama und Papa, für die unzähligen Stunden, die ihr im Laufe der letzten dreißig plus Jahre investiert habt, um meine großen Fragen über Gott durchzusprechen.

Danke, Katie und Waz, Phil und Meredith und Kerryn und Andrew für eure beständige Liebe, Unterstützung, Weisheit und Ermutigung.

Danke, Hattie, Liam und Alec – ihr habt mir geholfen, Gottes Liebe klarer zu sehen. Mögt ihr voller großer

Fragen aufwachsen. Und mögt ihr die Antworten immer wieder bei unserem großen König Jesus suchen.

Danke, Tom French – du bist ein brillanter Schreib- und Podcastkumpel.

Danke, Rowan McAuley, für deine Freundschaft und Partnerschaft im Evangelium. Und danke dafür, dass du so beständigen Enthusiasmus und Ermutigung für diese Bücher aufbringst, obwohl sie mich immer wieder von den Romanen wegziehen, die wir eigentlich schreiben sollten.

Nicht zuletzt möchte ich meiner Gemeindefamilie in Abbotsford Presbyterian danken. Das geht insbesondere an die ganze Truppe bei *YCentral* – möge dieses Buch euch helfen, die überfließende Liebe, die Gott in Jesus zu euch hat, sogar noch klarer zu sehen.

Aus der gleichen Reihe …

Früher oder später stellen junge Menschen große Fragen über sich selbst und ihren Glauben: Wenn Gott real ist, warum fühlt er sich dann nicht real an? Was kann ich tun, um ihm nahe zu sein? Wie sieht eine Beziehung zu Jesus eigentlich aus? Was ist, wenn der Gottesdienst und das Bibellesen langweilig erscheinen?

Chris Morphew beantwortet die großen Fragen von Jugendlichen. In diesem unterhaltsamen Buch zeigt er, wie sie in ihrer Beziehung zu Gott wachsen können, und zwar durch ganz gewöhnliche und doch kraftvolle Gewohnheiten der täglichen Nachfolge: Gebet, Bibellesen, Gemeinschaft und Ruhe. Durch lebendig erzählte Geschichten wird jungen Lesern geholfen, einen lebensverändernden Glauben zu entwickeln und Tag für Tag mit Jesus zu gehen.

Chris Morphew
Wie kann ich Gott erleben?
Band 2 aus der *Großen-Fragen*-Reihe

Broschur, 112 S., 11 × 18 cm
ISBN 978-3-9825009-3-5 (Tenet)
ISBN 978-3-86353-965-8 (CV Dillenburg)
€ 7,90 (D)

Früher oder später stellen Teens und junge Menschen die ganz großen Fragen über sich selbst und ihren Glauben: Sind die Erzählungen über das Leben von Jesus wirklich wahr? Wurden diese Berichte nicht erst viel später aufgeschrieben, und sind sie nicht voller Legenden? Kann ich das alles glauben?

Chris Morphew beantwortet diese Fragen – unterhaltsam, smart, ehrlich. In diesem Band aus der *Große-Fragen*-Reihe erklärt er, warum wir den Evangelien als echten historischen Dokumenten vertrauen können, und geht auf die Beweise für die Auferstehung Jesu ein.

Chris Morphew
Woher weiß ich, dass der christliche Glaube wahr ist?
Band 3 aus der *Großen-Fragen*-Reihe

Broschur, 98 S., 11 × 18 cm
ISBN 978-3-9825009-6-6 (Tenet)
ISBN 978-3-9896-3013-0 (CV Dillenburg)
€ 7,90 (D)

Aus der gleichen Reihe ...

Wie kann ich sicher sein, was richtig und was falsch ist? Ist am Ende alles nur eine Frage der Meinung? Brauchen wir wirklich Gott, der uns sagt, wie wir gute Menschen sein können, oder können wir das auch selbst herausfinden? Und was ist mit Situationen, in denen es keine eindeutige richtige Antwort gibt, oder wenn wir uns mit anderen darüber uneinig sind, was das Beste ist?

In diesem unterhaltsamen und kurzweiligen Buch führt der christliche Lehrer und Schulpastor Chris Morphew Teenager durch verschiedene Fragen der Moral. Er zeigt, dass es so etwas wie richtig und falsch gibt und dass wir uns an Gott wenden müssen, um verlässliche und überzeugende Antworten zu finden.

Chris Morphew
Wie kann ich mir sicher sein, was richtig und falsch ist?
Band 4 aus der *Großen-Fragen*-Reihe

Broschur, 104 S., 11 × 18 cm
ISBN 978-3-9826320-4-9 (Tenet)
ISBN 978-3-98963-102-1 (CV Dillenburg)
€ 7,90 (D)

Buchempfehlung des Verlags

- Wie kann man glauben, dass die Bibel wahr ist?
- Warum können wir uns nicht einfach darauf einigen, dass Liebe Liebe ist?
- Wen interessiert es, ob du ein Junge oder ein Mädchen bist?

In der Schule, mit Freunden oder beim Scrollen durch Social-Media-Feeds – überall werden Teenager mit Herausforderungen an den Glauben konfrontiert. Unabhängig davon, ob du dich selbst als Nachfolger von Jesus Christus verstehst oder nicht, können diese Fragen manchmal echte Hindernisse darstellen.

Untermauert von modernsten Forschungsergebnissen, persönlichen Geschichten, Harry-Potter-Illustrationen (Achtung: Spoiler!) und sorgfältigem Bibelstudium, weicht dieses Buch schwierigen Themen nicht aus. Stattdessen lädt es Teenager dazu ein, ihre schwierigsten Fragen zum christlichen Glauben zu stellen und überraschende, lebendige Antworten zu finden.

Rebecca McLaughlin
10 Fragen über Gott, die sich jeder junge Mensch stellen sollte

Broschur, 240 S., 13 × 20 cm
ISBN 978-3-9817729-5-1 (Tenet)
ISBN 978-3-8635382-1-7 (CV Dillenburg)
€ 13,90 (D)